Collection Carnets d'alerte

Pour en finir avec la faim dans le monde, 2017.
Les Semences, un patrimoine vital en voie de disparition, 2017.
Les Excès de la finance, ou l'Art de la prédation légalisée, 2017.

L'EAU
QUE NOUS SOMMES

Carnets d'alerte

Dans une société où l'information est omniprésente, il est parfois difficile de s'y retrouver. Aucune vision globale, tout est divisé, les informations cruciales se retrouvent noyées, banalisées : difficile pour le citoyen de faire le tri.
Pierre Rabhi et Juliette Duquesne ont eu l'idée de réaliser des « carnets d'alerte » sur des thématiques capitales et globales dont les conséquences peuvent être graves pour l'humanité.
Cette collection propose d'alerter le lecteur sur des questions cruciales et d'une extrême gravité : la faim dans le monde, les semences et les OGM, la place de la finance, l'utilité ou non de la croissance… Autant d'enjeux qui nous concernent au plus haut point et requièrent toute notre attention. Comprendre ces problématiques doit contribuer à l'éveil des consciences.
Philosophe et paysan, Pierre Rabhi prend de la hauteur et donne un aspect poétique et analytique à ces sujets. Journaliste, Juliette Duquesne propose aux lecteurs d'avoir accès à une information synthétisée, aussi juste et précise que possible. Deux approches complémentaires.

PIERRE RABHI
JULIETTE DUQUESNE

L'EAU QUE NOUS SOMMES

Un élément vital en péril

PRESSES DU CHÂTELET

Notre catalogue est consultable à l'adresse suivante :
www.pressesduchatelet.com

Presses du Châtelet
34, rue des Bourdonnais
75001 Paris

ISBN 978-2-84592-764-3

Aux lectrices et aux lecteurs

Au point où je suis de mon itinéraire d'engagement actif en faveur de l'écologie, de la terre et de l'humanisme, j'éprouve le besoin de donner une plus large audience aux messages qu'un public ne cesse de valider par son adhésion. Pour ce faire, il nous a semblé que des livres simples et synthétiques seraient efficaces pour sensibiliser l'opinion à des problématiques de première importance.

D'aucuns savent que je suis, depuis plusieurs décennies, préoccupé par une évolution de la société dont il semble que le grand public ne mesure pas les enjeux et donc les graves conséquences qui en découlent déjà et menacent de s'amplifier considérablement. Cela pourrait peut-être s'expliquer par la grande dissension qui ne cesse de croître entre l'espèce humaine et la nature à laquelle nous devons tous la vie et la survie sans la moindre équivoque.

Il est bien entendu que je ne suis pas seul à m'interroger et à agir, et que la société civile recèle bien des initiatives porteuses d'espoirs qu'il faudrait célébrer et rendre tangibles. Si l'on voulait résumer les choses, on pourrait dire que la politique conventionnelle est condamnée à exercer une sorte d'acharnement thérapeutique sur un modèle moribond, tandis que la société civile, nécessité oblige, élabore et met à l'épreuve des faits bien des alternatives porteuses d'espoirs.

Rappeler que l'espèce humaine continue à avoir de grandes difficultés à évoluer positivement est une banalité. Il importe donc de le ressasser, jusqu'à ce que la conscience en prenne conscience. Malgré une meilleure connaissance de la planète-oasis qui nous héberge au cœur d'un désert sidéral infini, elle reste toujours ravalée à un gisement de ressources à épuiser sans modération, avec des iniquités et des disparités abyssales entre super-repus et affamés chroniques.

Les considérations liées à des questions de première importance sont devenues ordinaires. C'est la raison pour laquelle les ressasser est désormais un devoir, avec l'espoir qu'elles puissent enfin être entendues et comprises, pour susciter un art de vivre où la raison et l'entendement seraient enfin au service d'une intelligence suprême et généreuse, à savoir la lucidité.

Par ailleurs, il semble que l'immense danger qui menace notre devenir, dû à nos transgressions, ne soit pas estimé à sa juste mesure. Le symbole du *Titanic* vient à l'esprit, avec une différence de taille cependant. La planète Terre, pour très longtemps encore, demeure insubmersible, tandis que l'espèce humaine prend de plus en plus un caractère contingent et agit au risque de provoquer son propre naufrage !

Un manque chronique de compréhension des problématiques les plus décisives pour notre avenir nous met en danger. On dit que l'excès d'informations tue l'information. Nous pouvons en faire le constat, puisque les questions les plus déterminantes pour l'avenir restent ignorées ou mal comprises par le grand public. Cette ignorance empêche de prendre les décisions et les résolutions fortes pour éviter d'aller « dans le mur ». Cela est d'autant plus dangereux que l'histoire contemporaine est désormais mondialisée.

Il est étonnant que l'écologie, qui concerne chacune et chacun d'entre nous, sans exception aucune, soit traitée comme une question subsidiaire. Les grands-messes internationales comme la COP21 continuent à illusionner l'opinion en la détournant d'une logique mondiale meurtrière (la mondialisation étant une guerre économique réelle et destructrice). Dans ce contexte, la pulsion de l'accaparement et de la prédation du bien commun se trouve légitimée. La souveraineté absolue de la finance autorise de nombreux arbitraires dans le vivre-ensemble global.

Ces carnets sont destinés, si nous y parvenons, à faire émerger de l'inefficace excès d'informations ce que tout citoyen devrait connaître absolument. Cette connaissance a trait à des sujets déterminants pour la vie présente et l'avenir. Destinés à alerter l'opinion, ces livres inviteront les lecteurs qui le souhaitent à approfondir le sujet grâce à une bibliographie en fin de volume (voir p. 233). Leur objectif et leur finalité ne sont pas de traiter de façon exhaustive les problématiques concernant la société contemporaine : ce serait trop ambitieux. Ils sont destinés à clarifier la complexité de ce qui sous-tend et détermine l'ordre ou le désordre du monde et par conséquent le vivre-ensemble de l'espèce humaine. Tenter en toute modestie, de la façon la plus simple et synthétique, d'attirer l'attention des personnes qui en ont le souci sur les dérives préjudiciables à la continuité de l'histoire.

« Nous ne savons pas où nous allons, mais nous y allons », disait Pierre Fournier. À bien y réfléchir, la formule nous apparaît de plus en plus pertinente. Il se trouve que de nombreux spécialistes ont acquis des connaissances très approfondies par leurs travaux et leurs passions. Ces « carnets d'alerte » pourraient les désigner, les faire connaître et contribuer à révéler leurs travaux et leurs compétences spécifiques. Relier les personnes qui en ont le désir à des compétences et à des savoirs est indispensable dans le contexte d'un encyclopédisme stérile qui se révèle inefficace.

Dans chaque carnet, je tenterai en introduction de situer la problématique dans un contexte aussi large que possible, contribuant ainsi à préparer le lecteur aux enquêtes de Juliette Duquesne, dont les interventions sur TF1, durant une dizaine d'années, ont en particulier manifesté la compétence. Pour compléter cette réflexion, je répondrai à quelques interrogations en fin de chaque ouvrage.

Pierre Rabhi

Introduction générale

Avant toute considération, il est très important que chaque être humain, et donc chaque lectrice et chaque lecteur de ce carnet, soit conscient qu'il est lui-même de l'eau. Elle représente environ 65 % de sa constitution, selon les experts. Il est banal de dire que, sans cet élément, il ne peut y avoir de vie. J'ai rappelé cette réalité à une journaliste enquêtant sur ce merveilleux élément. Lequel, incontestablement plus précieux que tout l'or et les diamants de la planète, est cependant banalisé par l'ignorance et l'inconscience chronique de ceux qui en font un usage si désobligeant qu'ils y défèquent après l'avoir purifié. C'est évidement le « privilège », pour ainsi dire, de ceux – et j'en fais partie – qui en disposent abondamment. L'eau vient à eux au sein de leur habitat et jaillit des robinets et des pommes de douche comme par miracle. Elle chante dans les vasques des places publiques.

Les propos et les réflexions que développent les lignes qui suivent ne pourraient l'être sans eau et sans tous les éléments constitutifs d'un organisme incarné et vivant. Aussi peut-on dire que ces considérations, que je crois pertinentes, ne peuvent s'accomplir sans l'eau présente dans toutes les cellules de mon petit corps de 51 kilogrammes tout mouillé.

Selon les critères établis par le monde moderne et la souveraineté absolue du lucre sur toute la planète, peu de citoyens du monde dit évolué, ou développé, sont véritablement conscients de l'immense valeur de ce merveilleux liquide qui se constitue en nuage céleste pour féconder la terre à laquelle nous devons les plus belles offrandes que la vie puisse nous faire. Là aussi, l'abondance banalise la ressource, et son gaspillage est devenu un réflexe inconscient. Les êtres humains se grisent de toutes leurs prouesses et de leurs miracles technologiques ; ils se prennent pour des divinités sur Terre pour l'anéantir et non pour en prendre soin. Ce monde-là est peu éclairé mais illuminé, illusionné, si prisonnier d'une peur primale qu'il consacre des budgets exorbitants au service de la destruction et de la mort, en étant de plus en plus avare lorsqu'il s'agit de respecter et d'honorer la vie à laquelle il doit la vie.

Il affecte également des budgets colossaux à l'exploration de l'espace et à visiter un astre mort, tout en détruisant l'astre vivant qui l'héberge. Le catalogue des aberrations et des incohérences ne cesse de s'épaissir, avec un progrès si imbu de lui-même qu'il ne peut être conscient de l'immense impasse qu'il prépare en étant dominé par une magie technique et scientifique où tout est possible, excepté l'essentiel. En réalité, la connaissance ne cesse d'élargir l'« inconnaissance », car les tenants et les aboutissants de la vie posent toujours question chaque fois qu'elle tente d'y répondre.

L'astre lunaire illumine et remplit de songes nos nuits d'été. Il devrait nous aider à prendre conscience de l'immense valeur de notre vaisseau spatial. Comment ne pas être reconnaissant à cette enfant du Soleil qui dissipe les ténèbres de nos nuits ? Il semble, selon certains savants, que l'eau ne soit pas absente de ce vestige d'un temps infini, espace auquel le cerveau humain ne peut donner ni mesure ni configuration, à mesure que nous prenons conscience de ces réalités.

Nous sommes dans un monde qui cherche désespérément la joie. Il n'a que du plaisir éphémère consommable et comme stimulé par un vide intérieur. Cette quête est l'objet d'un business très lucratif. Selon nos humeurs, nous nous sentons les hôtes libres ou les prisonniers d'une société censée triompher de tout ce qui trouble la félicité recherchée et emplit d'eau nos yeux attristés. Nous avons recours aux anxiolytiques et aux divertissements industrialisés pour tenter de combler le vide d'un sens dont le monde est de plus en plus affamé, mais qu'il s'évertue dans le même temps à anéantir par un comportement qui lui est néfaste.

Ces constats n'ont pas pour objet de désespérer, mais au contraire de révéler tous les atouts qui s'offrent à notre pouvoir de changer.

La liste serait longue de tout ce qui trouble et dénature notre réalité. Sans eau, mais aussi sans terre, sans air, sans chaleur ni lumière, tout ce qui advient de meilleur ou de pire ne peut être et n'aurait pu être le carrousel des événements que représentent l'histoire finie dans l'infini. Celle-ci reste, quoi que l'on fasse, un mystère jamais encore élucidé et qui ne le sera probablement jamais. C'est la raison pour laquelle, en tant qu'espèce pensante, nous sommes impérativement invités à être des intendants éclairés des biens offerts en abondance par la nature.

L'eau, plus qu'une matière, est une véritable quintessence. Il s'avère que la pensée n'est pas forcément placée sous l'égide de l'intelligence et il va de soi que ce n'est pas aux volumes de volumes qui s'accumulent dans les rayons de nos bibliothèques que nous pouvons mesurer notre intelligence. Faut-il encore rappeler qu'elle est d'une essence transcendante souvent confondue avec nos aptitudes ? Nous pouvons vérifier que la somme de nos aptitudes ne nous a pas donné la joie de vivre, mais contribue à certains de nos malheurs. L'intelligence avec laquelle l'univers est ordonné et gouverné en témoigne. Notre corps n'a pas besoin de la pensée pour accomplir son office vital. Il arrive que nous l'obligions à corriger les erreurs que la pensée lui inflige. Nos cousins mammifères du paradis initial ne semblent pas affectés par cette incohérence.

Nous sommes de plus en plus immergés dans un océan de concepts stériles et plus ou moins conscients de ce qui détermine absolument notre pérennité. La façon dont nous traitons la terre nourricière droguée de poisons, l'air que nous respirons avec ces miasmes toxiques et l'eau qui nous abreuve témoigne de la profonde ignorance avec laquelle nous administrons la réalité qui nous incombe. J'ai presque peur que le ressassement de ces évidences ne contribue à les rendre plus inaudibles encore en les banalisant.

Les personnes éveillées à ces questions vitales sont-elles condamnées à prêcher dans le désert ? Et comment ne pas le faire quand il s'agit d'enjeux rien moins que garants et déterminants de la continuité de notre vie sur terre ? Notre extinction par nos transgressions est de moins en moins une hypothèse. Elle est démontrée par les faits. Il ne s'agit pas de prophéties ou de prédictions, mais de prévisions objectivement et rationnellement plausibles et argumentées. Une sorte de travail de sape s'intensifie et se mondialise entre ceux qui sont la cause du désastre et ceux qui en subissent les conséquences : les « damnés de la terre ».

Ne pouvant comprendre la signification de notre venue sur terre, avènement que les paléontologues et autres anthropologues appellent « hominisation », j'avais imaginé, en la personnifiant, une planète qui, après s'être faite très belle de ses montagnes, de ses plaines, de ses forêts, de ses océans, des nombreuses créatures terrestres et célestes ainsi que de celles qui peuplent les eaux qu'elle héberge et nourrit, de tous les prodiges dont elle s'est révélée capable durant des milliards d'années, eut un besoin impératif d'être admirée et aimée. Elle se serait dit : « À quoi bon être belle, si cela ne suscite pas un sentiment de jubilation, un pur bonheur et un bonheur pur ? » Ce sentiment intemporel, cette joie est si libre qu'elle peut déserter les palais pour habiter les chaumières. Après bien des hésitations, peut-être des appréhensions pour accomplir ce magistère, la terre aurait fait advenir l'être humain. « Lui saura combler mon souhait, se dit-elle, et je lui offrirai le moyen d'être en gratitude et en joie jusqu'au souffle ultime de chacune et de chacun. Ce souffle interrompu saura être le moyen par lequel il accédera à l'impérissable et incorruptible félicité. » Cette hypothèse poétique, naïve et enfantine, enracinée dans un songe profond, est la seule qui satisfait un peu ma raison raisonnante et m'évite de succomber à cet existentialisme prôné par certains spéculateurs de renom.

Dans l'infini du mystère, toute hypothèse est une croyance, voire une religion. « Tout ce que vous dites de Dieu est mensonge », proclamait Maître Eckhart. Il est probable que l'une des causes de la morosité qui se répand comme un triste brouillard psychique sur tous les continents soit dû à l'impossibilité de donner sens au phénomène mystérieux que nous sommes. Sommes-nous déterminés ? Oui, par la nature. Sommes-nous déterminants ? Oui, par notre entendement et notre libre arbitre.

Il se trouve, pour revenir plus spécifiquement au sujet dont il est question, que notre merveilleux vaisseau spatial est fait d'eau pour l'essentiel, d'après les savants. Mers et océan le confirment par la masse liquide qu'ils représentent. Le sec est une affliction mortelle. Les affamés du Sahel et autres lieux de la soif où j'ai engagé ma foi, mon savoir et ma détermination en savent quelque chose. En ces lieux, les regards inquiets et suppliants scrutent les cieux avec l'espoir d'y voir s'assembler les nuages salvateurs. J'ai assisté à la liesse populaire avec chants, danses et tambours que suscitait la manne céleste. En ces lieux, la terre est souvent un espace infini craquelé de soif. En ces lieux, des cadavres d'animaux jonchent l'espace car l'eau a manqué pour les pâturages sauvages devenus steppes brûlantes.

Ces considérations singulières, poétiques et tragiques mettent en évidence que l'eau est véritablement le sang de Gaïa. Et l'on sait que de la créature la plus infime du monde végétal, comme de la plus considérable telle que le baobab, ainsi que de l'animal le plus massif de la planète, la baleine, l'eau est la quintessence. Et que dire du légendaire et terrible Léviathan, d'une puissance hors du temps et sans partage, dont l'eau était l'empire ?

Il se trouve donc que la répartition de l'eau sur notre « terre patrie » n'est naturellement pas équitable en dépit de sa surabondance. Il se confirme de plus en plus que les agissements humains intempestifs, comme les excès de troupeaux dans les zones déjà dénudées, les prélèvements sans limite de matières végétales, l'agriculture intensive pour la culture d'exportation, le déboisement pour alimenter en combustibles les villes surpeuplées, et bien d'autres agissements, sont parmi les causes de la raréfaction de l'eau dans les pays meurtris par sa rareté au sens le plus rigoureux du terme.

Lorsqu'on évoque les dérèglements climatiques, il est difficile d'absoudre les pratiques humaines. Tandis que l'unanimité mondiale se fait sur ces questions, les « climato-sceptiques » renforcent néanmoins leur position.

Mon implication au Sahel pour la propagation de l'agriculture écologique auprès des paysans les plus démunis m'a également été d'un dramatique enseignement. Sous les cieux d'une terrible rigueur, l'espérance de l'eau devient obsession. Cet élément est vital, mais également fléau, hélas, par l'érosion des sols en général et de la terre nourricière en particulier, ruinée par des précipitations intempestives, avec la complicité des vents réduisant le limon en poussière voilant le ciel et à jamais perdu. Je rêve toujours d'une vaste mobilisation paysanne pour lutter contre l'érosion par des aménagements qui ont fait leurs preuves et le reboisement pour modifier positivement le climat. Dans ces pays du Sahel, une mobilisation nationale de tous les citoyens serait d'une très grande pertinence vitale.

J'ai savouré dans mon enfance le carrousel des femmes munies de cruches, de seaux et de leurs outres en peau de chèvre portées par des ânes, fleurant le goudron végétal et venant s'approvisionner au puits que mon père, homme de forge, de feu, de fer et de détermination avait creusé avec les burins qu'il affûtait chaque jour à sa forge. C'est avec ces outils qu'il entamait une roche réfractaire, granit compact au sein d'une histoire géologique immémoriale.

Avec le recul, j'ai pu méditer sur le grand miracle qui s'est produit lorsque, après une utopie mêlée d'espoir, sans la certitude absolue d'une heureuse issue comme une heureuse naissance, le merveilleux liquide, avec un suintement prometteur, s'est enfin révélé dans sa beauté et sa majesté par un ruissellement et un jaillissement salvateur. Après avoir fait vérifier en toute priorité par ma grand-mère qu'il s'agissait d'eau douce et non salée ou saumâtre, des cris d'allégresse ont jailli de la gorge des femmes pour se répandre dans la cité et gagner le ciel incandescent : « L'eau est douce ! L'eau est douce ! » Mon père, triomphant sans orgueil et rayonnant de gratitude, était comme possédé par une jubilation telle qu'il en était transfiguré et devint un enfant. Aucune offrande de la vie ne peut égaler celle qui a pour objet ce trésor. Dieu bienveillant et miséricordieux venait de nous offrir la vie. Comment, ayant été témoin de ces scènes dignes des antiques rituels sacrés, ne pas être conscient de la valeur suprême de l'eau ?

Tandis que j'évoque ces souvenirs, je ne suis pas sûr qu'ils auront la résonance espérée chez les êtres qui disposent abondamment de ce trésor. L'eau souffre de n'être qu'une immense richesse banalisée par son abondance au service de ceux qui en sont repus. Pour en revenir à mon évocation, il faut rappeler que notre cité-oasis tout entière avait été érigée comme un défi de verdure, d'ombre et de nourriture au sein de l'empire de la sécheresse et de la nature inhospitalière en ce monde soumis au brasier solaire. Cette oasis témoignait, au pays de la soif, du miracle que seule l'eau permet.

En ce désert torride, les palmiers dattiers plantés depuis longtemps par les fellahs se sont élevés comme des parasols chargés d'une très précieuse manne nourricière. Grâce à leur ombre, les arbres fruitiers ont pu prospérer en grenadiers, figuiers et autres saveurs paradisiaques avec le parfum des roses, le chant d'oiseaux miraculeux venus d'on ne sait où et souvent réunis en un congrès saisonnier. L'ombre des palmiers et des fruitiers a permis aux légumes de prospérer à même la terre. Cette terre qui, plus que nulle part, méritait le vocable de mère nourricière. Sans l'eau, tous ces miracles n'auraient pu advenir.

On peut comprendre que le lyrisme avec lequel j'exprime cette problématique – qui constitue le savoir de l'hydrologue plus que le mien – puisse surprendre. On comprend mieux en outre cette sorte de dévotion que suscite le liquide tenu pour sacré et savouré avec un « au nom de Dieu » reconnaissant. Nous sommes aujourd'hui libérés de cet « archaïsme » mystique. Nous sommes rationnels, réalistes, concrets, objectifs, efficaces. Et c'est avec toutes ces qualités que nous avons construit une société triste, dépoétisée, aseptisée, empire d'un véritable ennui climatisé que le divertissement industrialisé ne parvient même pas à éradiquer.

En d'autres lieux extrêmes de la terre, l'eau devient roc, telles les calottes glaciaires où le principe froid est souverain absolu. En ces contrées du grand silence blanc, l'être humain, fragile de sa nudité, cohabite avec des créatures dont il endosse les toisons, après leur avoir infligé la mort pour sauvegarder sa vie. Comment ne pas être reconnaissant aux vaillants chiens de traîneaux, dont l'endurance tient du miracle? Cela rappelle la capacité du bipède, contrairement aux autres créatures, à s'adapter à tous les climats, même les plus extrêmes. Un éléphant sur la banquise est tout aussi inimaginable qu'un ours polaire dans les steppes de l'Asie centrale.

Les savants nous ont appris que les mers et les océans sont plus considérables en volume que les terres émergées. La nature a certes créé quelques animaux dits amphibies, mais l'être humain a largement outrepassé les limites imposées aux créatures compagnes de notre existence, dont nous sommes devenus les tortionnaires et les exterminateurs aveugles et sans vergogne afin de servir ce mal universel appelé cupidité dont certains êtres humains sont non seulement affectés, mais fiers. Ce comportement incompréhensible semble avoir pour origine la terreur que les animaux puissants ont dès l'origine inspirée à notre espèce impuissante, physiquement démunie face à l'adversité. L'habileté, la maîtrise du feu et autres inventions issues de l'imagination fertile de l'homme lui ont permis d'échapper à sa propre extinction.

Ces rappels et lieux communs n'ont pas pour objet de « faire savant », mais de tenter, par une rétrospective assez banale, de réhabiliter l'essentiel dans une société victime de son arrogance et d'une ignorance que l'ampleur des connaissances encyclopédiques tente de réduire sans augmenter l'intelligence, pour leur donner un ordre conforme aux lois de la vie. La bombe atomique, emblème tragique de notre temps, n'est en aucun cas la fille de l'intelligence. Il paraît que le parfum du napalm est délectable. Les aptitudes au service de la peur ont produit cette incommensurable aberration, suprême emblème de la fameuse science sans conscience. Cette science dont on proclamait qu'elle n'a pas dit son dernier mot risque de le dire avec le nucléaire. Le silence qui suivrait serait l'enfant de cet homme et non de la femme dont l'aveuglement ne peut être que de nature métaphysique. Loin des considérations poétiques, le monde contemporain est inspiré et déterminé par une logique dominée par le minéral au détriment du vivant.

Le catalogue des créations absurdes que la sacro-sainte rationalité si imbue d'elle-même produit allégrement n'a aucune limite. Rien n'est aujourd'hui en mesure de contrôler les pulsions meurtrières. Cependant, le plus inquiétant est de produire des monstruosités sous le label de l'excellence. Cela implique forcément une logique dominante qui, hors de toute référence susceptible d'éclairer l'entendement, renforce pour mieux se barricader dans des certitudes que prône une raison dévoyée. Comment expliquer autrement le non-sens avec lequel les repus déterminent leurs diverses options de vie ?

L'eau est une problématique dont la conscience est inconsciente. L'accès à l'eau est devenu banal. À celle qui jaillit des robinets est substituée celle que les bouteilles en plastique incarcèrent pour l'immense profit financier de ceux qui ont eu le génie de la conditionner. Avec la mondialisation d'une conception dominante paradoxale de la vie, la menace d'extinction de l'espèce par elle-même ne cesse de se confirmer. Comment peut-il en être autrement, lorsque l'agriculture pollue à l'excès avec les engrais chimiques et les pesticides de synthèse, dont on sait les effets désastreux sur les abeilles et autres insectes et animaux précieux pour la vie, usant de l'eau comme d'un élément inépuisable sur des superficies gigantesques pour produire soja, maïs et autres céréales – et assouvir ainsi un appétit humain carnassier devenu l'emblème de la prospérité moderne ? Peut-être est-ce pour combler un vide existentiel, en continuelle extension par les temps qui courent…

Ainsi peut-on produire jusqu'à dix protéines végétales nécessaires à l'obtention d'une protéine animale. On sait par ailleurs qu'un nombre considérable d'animaux est soumis à des traitements et des conditions de vie qui blessent l'âme des êtres de compassion et l'ensemencent d'indignation. L'indifférence à la souffrance animale est l'un des grands symptômes de la dangereuse évolution d'une société humaine en déshérence. Par ailleurs, l'adulation excessive des animaux de compagnie est révélatrice, dans certains cas, d'un besoin affectif en déficit plus au moins chronique dans la société du temps qui n'est plus que de l'argent.

Pour conclure ces considérations, je souhaite vraiment que les propos sévères que m'impose la vérité soient considérés comme les moyens d'alerter les consciences sur les graves menaces pesant sur l'issue de notre aventure terrestre. Il est inadmissible d'édulcorer sans cesse les phénomènes dont les générations à venir risquent de pâtir, à seule fin de ne pas troubler notre quiétude. L'appel à l'insurrection des consciences, slogan de ma candidature à l'élection présidentielle de 2002, ne cesse d'être pertinent. Les deux cents signatures d'élus obtenues en cette circonstance étaient la preuve d'un éveil face à l'évolution d'une société qui ne sait où elle va tout en y allant, selon l'expression de Pierre Fournier.

Considérer que nous sommes victimes de la fatalité serait le pire des alibis. Le « il est trop tard » ne devrait pas abolir le « il est encore temps ». Cela ne tient qu'à notre détermination d'êtres humains censément libres. Être optimiste ou pessimiste n'est en l'occurrence d'aucune pertinence, car la vie ne cesse de nous offrir tous les moyens d'instaurer le vivre-ensemble en harmonie avec l'intelligence de la vie.

Il incombe à Juliette Duquesne de mettre son talent de journaliste d'investigation au service de la problématique dont il est question dans ce carnet. Elle permet ainsi de la rendre accessible et compréhensible pour le plus grand nombre. Les carnets précédents sur la faim dans le monde, les semences et la finance en témoignent. D'autres carnets sont envisagés pour poursuivre ce travail d'éclairage.

Pierre RABHI

Enquête

Informer rigoureusement prend du temps. Chaque chiffre, chaque donnée doivent être vérifiés et sourcés. Or il n'est pas facile de trouver un modèle économique permettant de réaliser des enquêtes journalistiques de longue haleine et d'en garantir tout à la fois l'indépendance. C'est pourquoi nous avons recherché des soutiens avec lesquels nous partageons cette valeur commune.

Nous tenons donc à remercier la Casden (banque coopérative de la fonction publique) et la MGEN (Mutuelle générale de l'Éducation nationale). Ces deux acteurs de l'économie sociale et solidaire nous aident à financer les enquêtes des « Carnets d'alerte ».

Nous remercions également la fondation Léa nature-Jardin bio et l'entreprise Les Jardins de Gaïa, qui commercialise des thés et des tisanes bio, pour leur soutien à cette vaste enquête sur l'eau.

Produire une enquête de qualité sur des thématiques globales et complexes ne serait pas possible sans ces soutiens. Ces structures nous aident aussi à faire connaître les problématiques vitales des « Carnets d'alerte », notamment auprès des plus jeunes, dans les établissements scolaires.

Pour la partie qui m'incombe, je remercie Julie Trottier et François Galgani d'avoir pris le temps de relire ce travail. Leurs remarques, toujours précises, ont été très utiles. Je remercie toutes les personnes que j'ai interrogées pour réaliser cette enquête et dont la liste figure en fin d'ouvrage (p. 229), ainsi que Maxime Moreau pour la réalisation des infographies. Je remercie également la journaliste Fanny Noaro-Kabré pour les témoignages recueillis au Burkina Faso, ainsi qu'Aurore Roussel et Évelyne Duquesne, dont les commentaires ont été très constructifs sur la forme. Mes derniers remerciements sont adressés à Pierre Rabhi, pour la confiance qu'il me témoigne.

Toutes les citations proviennent d'interviews réalisées dans le cadre de l'enquête. Il m'a semblé important d'interroger de vive voix la majorité des personnes sollicitées.

Toutes les informations sont sourcées en notes (p. 209). Je me suis efforcée de consulter le document ou de contacter l'organisme à l'origine du chiffre ou de l'information, et non de reprendre des données citées dans des journaux ou des livres.

Juliette Duquesne

Introduction

Des coraux en danger, alors qu'ils abritent près de 25 % de la biodiversité marine[1]... Un océan plus chaud et plus acide... Des baleines avec des dizaines de sacs en plastique dans le ventre... La plupart des cours d'eau français pollués par les pesticides... Une eau douce plus rare dans certaines régions... En quelques dizaines d'années, l'homme a mis l'eau en péril.

D'après certains titres de presse, le réchauffement climatique serait la principale cause de raréfaction de cet élément vital, alors que, selon de nombreux chercheurs, cette explication serait un peu trop commode. Ils mettent en avant une consommation excessive de l'eau.

D'aucuns préfèrent boire l'eau du robinet pour ne pas polluer avec des bouteilles en plastique ; d'autres choisissent les eaux minérales ou de source pour éviter de boire une eau qu'ils jugent polluée...

Il n'est pas rare, lors de banales discussions entre amis, d'entendre dire que l'eau sera le problème du XXIe siècle et que les « guerres de l'eau » risquent de se multiplier. Mais qu'est-ce qu'une « guerre de l'eau » ? En manquera-t-on vraiment ?

Plus que sur aucun autre sujet, lorsqu'on commence à enquêter sur l'eau, questions et idées reçues se bousculent et s'entrechoquent. Avec une certitude : le grand public, c'est-à-dire nous, qui ouvrons tous les jours notre robinet sans vraiment nous soucier de l'origine de l'eau, la connaissons très mal : ses cycles, sa gestion, l'état dans lequel se trouvent l'océan, les fleuves, les rivières et les nappes phréatiques.

« Nous sommes de l'eau », aime répéter à l'envi Pierre Rabhi. Le corps d'un adulte se compose en moyenne de 65 %[2] d'eau, soit 45 litres ! Mais nous connaissons mieux la planète Mars que les abysses. Nous négligeons l'eau – salée à 97,5 %, douce à 2,5 % –, alors qu'elle représente environ 75 % du globe[3]. Nous avons longtemps considéré les rivières, les mers et l'océan comme nos poubelles (80 % des déchets[4] en mer viennent de la terre).

Nous connaissons mal l'eau et nous maltraitons cet élément indispensable à la vie. Nous en payons aujourd'hui les conséquences.

Chaque année, dans le monde, la diarrhée causée par un accès à une eau de mauvaise qualité tue environ 361 000 enfants de moins de cinq ans[5] : près de mille enfants par jour ! Et 2,1 milliards de personnes[6], soit 30 % de la population mondiale, n'ont toujours pas accès à une eau salubre*.

La collection dans laquelle s'inscrit ce livre a pour vocation d'alerter et ne prétend pas traiter un sujet de manière exhaustive. Nous respecterons d'autant plus ce principe que la thématique est vaste. L'eau s'infiltre partout… Cet élément liquide est difficile à saisir, à quantifier, à mesurer.

---

* Les mots ou expressions suivis d'un astérisque à leur première occurrence sont définis dans le lexique, p. 223.

CYCLE NATUREL DE L'EAU

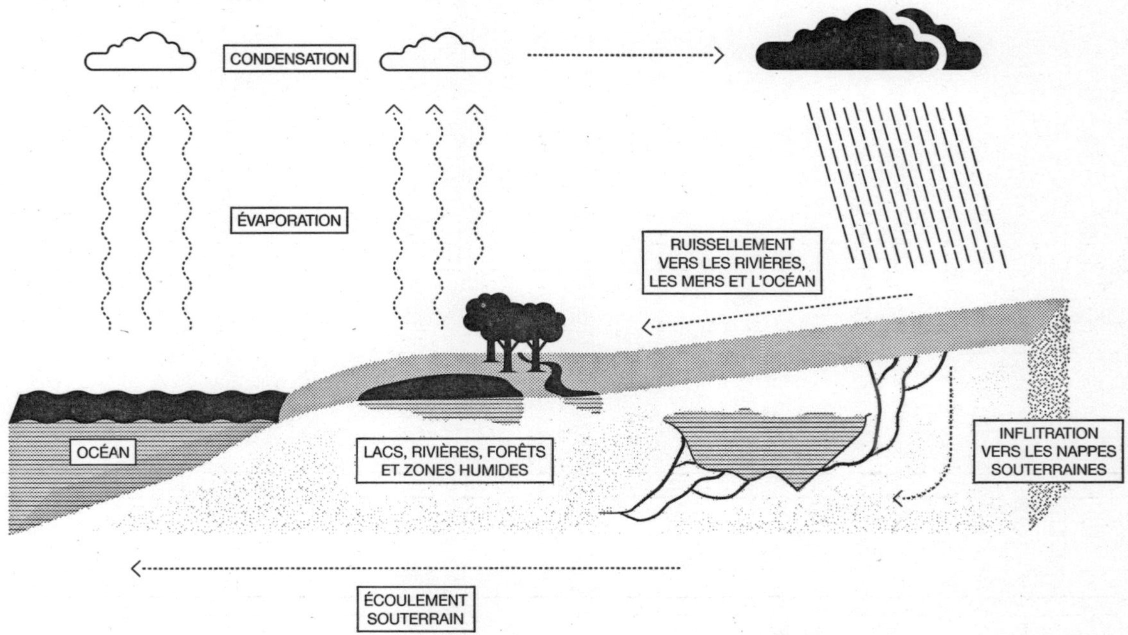

L'eau est un fluide dont le taux de pollution différera après une averse, un orage ou une tempête. Comme l'énonçait Héraclite : « On ne se baigne pas deux fois dans le même fleuve. »

Difficile également de généraliser sur la gestion de cet élément qui dépendra du sol, de la géographie d'un lieu, du bassin versant*, des habitudes culturelles et même spirituelles d'une région…

Aujourd'hui, dans le discours médiatique, on entend plus souvent parler de biodiversité, de transition écologique ; et pourtant l'eau, élément concret, joue un rôle vital pour l'avenir de l'humanité.

Les chercheurs et les associations que nous avons interrogés sont inquiets pour l'océan, l'un des poumons de notre planète. Très stable depuis des millions d'années, il ne s'est jamais modifié aussi rapidement. Quant au plastique, il a même envahi les profondeurs des mers.

Aujourd'hui, on retrouve des pesticides jusque dans la graisse des baleines. À cause de l'élevage intensif de porcs, des plages bretonnes sont recouvertes d'algues vertes dont la décomposition a même provoqué la mort d'un employé payé pour les ramasser. L'agriculture intensive est la cause principale de la pollution et de la consommation d'eau. En France, comme dans de nombreux pays occidentaux, nous avons su diminuer les pollutions domestiques et industrielles de l'eau, mais nous avons échoué à réduire celle d'origine agricole.

Au cours des siècles et au sein de toutes les civilisations, l'eau a toujours réclamé une gestion collective. Organisation commune délicate à inventer, au nord comme au sud ! Dans les pays en développement, les aménagements en vue d'obtenir une eau buvable de qualité sont insuffisants. Dans le monde et notamment en Afrique, plus de personnes possèdent un téléphone portable qu'elles n'ont accès à des toilettes[7]. Au contraire, en Occident, nous avons mis en place une organisation industrielle pour évacuer nos excréments avec de l'eau potable. Une gestion très lucrative pour les multinationales…

Pour l'instant, peu de voix remettent en cause notre façon de distribuer l'eau : plus d'un million de kilomètres de canalisations sous nos pieds, de l'eau potable à l'envi… D'autres façons existent pourtant d'acheminer l'eau et sont expérimentées, plus localement, un peu partout dans le monde. Certains perçoivent même dans ce liquide, encore si mystérieux, la possibilité de trouver des réponses jamais envisagées à des problèmes cruciaux.

PREMIÈRE PARTIE

Vers un océan sans vie

La vie est apparue dans l'océan voici environ 3,9 milliards d'années[1]. Selon certains scientifiques, notre ignorance sur l'océan provient du fait que nous omettons qu'il est notre origine. « Au sein de notre corps, nous possédons du chlorure, du potassium, du sodium…, rappelle Gilles Bœuf, océanographe. Notre glande thyroïde contient de l'iode. L'iode est un atome de l'océan, il n'existe pas ailleurs. Nous oublions que l'océan est l'essence du vivant. Nous sommes salés. Tous les êtres vivants sont salés comme l'océan jusqu'aux crevettes. Il y a 800 millions d'années, les crevettes inventèrent un système où le sang n'était plus de l'eau de mer ; la salinité fut divisée par trois. L'eau contenue dans les êtres vivants, des crevettes jusqu'au corps humain, se situe entre l'eau douce et l'eau salée ; sa salinité équivaut à celle de l'eau d'un estuaire. »

« *L'*océan, et non pas *les* océans ! », ajoute Gilles Bœuf. Selon cet amoureux de la biodiversité, diviser les océans en Pacifique, Atlantique ou Indien relève d'une construction conceptuelle. L'océan est unique. Sa composition est la même partout sur notre planète et ce depuis des millions d'années. Il ne pourrait d'ailleurs pas jouer ce rôle sur le climat sans cette caractéristique.

▸ **Gilles Bœuf** est professeur à Sorbonne Université. Spécialiste de physiologie environnementale et de biodiversité marine et terrestre, il est président du conseil scientifique de l'Agence française pour la biodiversité. Il a été président du Muséum d'histoire naturelle, de 2009 à 2015. « Je ne suis pas extrémiste, précise-t-il. Je ne suis pas pour l'écologie punitive, je me définis plutôt comme écologue. Je joue mon rôle d'acteur citoyen. » Il donne de nombreuses conférences et intervient dans les médias sur les sujets liés à l'océan.

À cette méconnaissance de l'océan s'ajoutent des croyances collectives. Ainsi, nous avons longtemps supposé que l'océan regorgeait de ressources infinies et qu'il était très robuste. Les dégâts et la pollution y sont moins visibles que sur terre. L'éveil des consciences, des pays et des organisations internationales a été plus lent. Sur ce sujet en particulier, les associations jouent un rôle crucial.

L'un des poumons de la planète en danger !

Lorsqu'on évoque les dégâts sur l'océan dus aux êtres humains, la première image qui vient à l'esprit est celle de ces milliards de déchets plastiques flottant à la surface, parce qu'ils sont les plus visibles. Ils ne devraient pourtant pas remettre en cause la survie humaine, contrairement au réchauffement et à l'acidification de l'océan. Des phénomènes très inquiétants, selon tous les scientifiques que nous avons interrogés.

Le rôle de l'océan est vital. Il régule le climat, il agit sur les précipitations, les inondations, la température. Des études parues en avril 2018 montrent par exemple que le courant du Gulf Stream, qui permet à l'Europe de jouir d'un climat tempéré, est en train de s'affaiblir[2]. Cet affaiblissement, qui pourrait s'accentuer dans les années à venir, provoque un refroidissement dans l'océan Atlantique subpolaire et un réchauffement dans la région du Gulf Stream.

L'océan absorbe le dioxyde de carbone (CO_2) et rejette de l'oxygène (O_2). Près de la moitié de l'oxygène sur notre planète provient de l'océan[3]. Comme les forêts, celui-ci est un des poumons de notre planète. C'est un puits de carbone. Chaque année, il absorbe près de 25 % de l'ensemble du CO_2 émis notamment par nos activités[4]. Ce rôle atténue le changement et les fluctuations climatiques. « L'océan a cette fonction de poumon de la planète car il est vivant grâce au plancton, aux centaines de milliers de microalgues, détaille Gilles Bœuf. Les millions de bactéries, les milliards de virus représentent 98 % de la biomasse de l'océan, les baleines et les poissons seulement 2 %. »

À cause de la hausse des émissions de CO_2, une acidification majeure et sans précédent de l'océan est actuellement en cours. Un consensus scientifique a été établi sur ce point. Plus aucun doute : depuis deux cent cinquante ans, l'acidité a grimpé de 30 %[5] et continue à augmenter. L'océan est normalement très stable. De telles variations n'ont jamais existé depuis 55 millions d'années[6]. Et c'est bien cela le problème : sur notre planète, des modifications se sont toujours produites, mais jamais aussi vite. « Si l'océan s'arrête, c'est la catastrophe. Je suis mesuré, mais des événements graves se préparent », déplore Gilles Bœuf.

Cette acidification est aggravée par le réchauffement climatique qui modifie la température de l'océan. À la fin du XXIe siècle, l'augmentation de la température de l'atmosphère sera vraisemblablement supérieure à 1,5 °C par rapport à la période 1850-1900. Il est même probable qu'elle dépasse 2 °C[7]. Depuis les années 1970, la température moyenne des eaux de surface a augmenté d'environ 0,4 °C[8]. La hausse atteint non seulement les eaux de surface mais aussi celles des profondeurs à plus de 700 mètres[9], voire à 2 000 ou 3 000 mètres[10]. À la fin du XXIe siècle, sur les cent premiers mètres, on estime que le réchauffement sera de 0,6 à 2 °C[11]. Cette hausse des températures de l'océan a une incidence directe sur la multiplication des cyclones ou des ouragans, ainsi que sur la faune et la flore marines.

Les coraux sont l'un des écosystèmes les plus menacés de la planète. Depuis 1945, 20 % des récifs ont disparu et 35 % pourraient disparaître d'ici à 2050[12]. Dans certaines zones très peu peuplées et peu polluées, la dégradation est néanmoins très forte, ce qui révèle que l'acidification et le réchauffement sont bien la cause du blanchissement et de la mort des coraux. En Polynésie, le blanchissement est de 30 à 50 % sur certaines îles[13]. Aux Samoa, il atteint 90 %[14]. Dans le quart nord de l'Australie, presque 80 %[15] des coraux sont morts. « Le corail blanchit de façon massive. Nous voulons savoir comment cela se produit, indique Romain Troublé, de la Fondation Tara Expéditions. Comment les coraux blanchissent-ils ? Pourquoi ce phénomène est-il observé à certains endroits et non à d'autres ? Le blanchissement du récif corallien semble être lié à l'augmentation des températures plus qu'à l'acidification. Celle-ci a surtout des conséquences sur la diminution du taux de calcification des coraux. Le corail vit dans des zones très pauvres en nutriments et en plancton. Il y vit car l'algue qui l'accueille lui fournit 95 % des sucres dont il a besoin. Quand il y a trop de stress – un stress certainement lié à des bulles d'eau chaude –, l'algue et certaines espèces de coraux se séparent. Si la séparation dure plus de trois semaines, le corail meurt. Ces phénomènes ont été multipliés par dix en moins de quarante ans. Je ne pense pas que les coraux vont disparaître, mais ils vont changer et on ne sait pas encore comment. »

▸ **Romain Troublé** est directeur général de Tara Expéditions. Cette fondation qui se consacre à l'océan organise des expéditions scientifiques sur le thème de l'Arctique, du plancton, du plastique ou encore des coraux. Grâce à cette expertise scientifique, elle s'efforce également de sensibiliser le public, notamment les plus jeunes. Enfin, elle mène des actions de plaidoyer au sein des organisations internationales, afin que l'océan ne soit plus un univers oublié. Sur la thématique de l'océan, les ONG (organisations non gouvernementales) sont particulièrement actives et sont même à l'origine de découvertes scientifiques majeures. L'expédition Tara, par exemple, a découvert plus de 100 millions de gènes issus du monde marin.

Les coraux abritent 25 % de la biodiversité marine, alors qu'ils ne représentent que 0,2 % de sa surface[16]. Ces « villes aquatiques » sont des garde-manger. Elles vivent en symbiose avec de nombreux organismes vivants. Or les conséquences du blanchissement peuvent déséquilibrer de nombreux écosystèmes. En voici un exemple : le poisson-clown – le fameux poisson Nemo du dessin animé du même nom – se protège et pond des œufs au sein des tentacules des anémones. Or celles-ci, comme les coraux, blanchissent. Une étude[17] a prouvé que ce phénomène provoque un stress qui diminue le taux d'hormones et donc la fécondité des poissons-clowns.

Le réchauffement climatique a également un impact sur l'élévation des mers. Entre 1993 et 2010, leur niveau moyen s'est élevé de 3,2 mm par an[18]. À la fin du XXIe siècle, il est très probable qu'il aura augmenté sur environ 95 %[19] des littoraux du monde. La hausse pourrait atteindre près d'un mètre[20]. Selon certains chercheurs, ces estimations du groupe d'experts intergouvernemental sur l'évolution du climat (Giec) sont trop optimistes. Une étude de juin 2018 montre qu'avec des températures s'élevant de 1,5 à 2 °C par rapport la période 1850 à 1900, le niveau des mers augmenterait de 6 mètres[21].

Le niveau des mers s'élève à cause de la fonte des glaciers. Une eau plus chaude occupe également un plus grand volume. Enfin, nous puisons de plus en plus d'eau dans les nappes profondes, une eau ensuite rejetée dans les mers et l'océan, contribuant à élever le niveau des mers. « C'est inquiétant, s'alarme Gilles Bœuf. Certains veulent construire des digues géantes pour protéger Bangkok, Jakarta ou Singapour, mais c'est ridicule ! De nombreuses mégalopoles sont bâties en bord de mer. Dans le métro de New York, on a déjà commencé à pomper. » L'impact sur les migrations humaines, sur la biodiversité marine pourrait être colossal.

L'état de dégradation de l'océan est tel qu'au cours des cinquante dernières années la proportion de zones en haute mer totalement privées d'oxygène, appelées zones mortes, a plus que quadruplé[22]. Près des côtes, les zones affaiblies en oxygène ont été multipliées par 10 depuis 1950[23]. Elles s'étendent sur plus 4,5 millions de kilomètres carrés : environ la taille de l'Union européenne[24] ! Depuis cinquante ans, l'océan a perdu 2 % de son oxygène[25].

Les zones mortes ont toujours existé à une certaine profondeur. Mais, près des côtes, la pollution par les nutriments issus des engrais chimiques et des eaux usées provoque des proliférations d'algues. Leur décomposition par les bactéries consomme beaucoup d'oxygène. Par conséquent, l'oxygénation diminue. En haute mer, le réchauffement de l'eau empêche l'oxygène d'atteindre les profondeurs, d'où la multiplication des zones mortes, qui s'accompagne d'une perte de biodiversité. Cet oxygène est en effet indispensable pour que les plantes et les animaux respirent dans l'océan. Tout comme le réchauffement climatique et l'acidification de l'océan, la perte d'oxygène est une conséquence du changement climatique. Ces trois problèmes se combinent en défaveur des espèces vivantes dans l'océan, du plancton aux gros mammifères marins. Certaines créatures marines rencontrent plus de difficultés à se reproduire, à se déplacer, et l'espérance de vie chute…

L'invasion du plastique et des autres déchets humains

Quelque 5 250 milliards[26] de particules de plastique flottent à la surface de l'océan, soit 268 940 tonnes[27] ! Ces déchets proviennent en grande partie de la terre. Même s'ils ne devraient pas remettre en cause la survie des espèces, le problème n'en reste pas moins catastrophique. Le plastique, les filets de pêche et autres détritus peuvent abîmer et peuvent tuer. Baleines ayant ingéré des dizaines de sacs en plastique, tortues malades à cause du plastique ingéré… les images de ce désastre ne manquent pas.

Un sac, une paille ou un coton-tige jetés n'importe où finiront dans une rivière, un fleuve, puis dans la mer ou l'océan. Une fois qu'un déchet entre en contact avec l'eau, il ne la quitte plus.

« Tout le monde est responsable et en même temps personne ne l'est, explique François Galgani, océanographe. Le plastique est très pratique. Il est léger et très résistant. Ces caractéristiques sont à la fois un avantage et un inconvénient car on ne sait pas gérer la fin de vie du plastique. »

▸ **François Galgani**, océanographe, est responsable du laboratoire Environnement et Ressources de l'Ifremer. Il coordonne un groupe de la Commission européenne sur les déchets marins et un groupe méditerranéen pour le programme des Nations unies pour l'environnement. Il a été l'un des premiers chercheurs à travailler sur les déchets marins, notamment au sein des fonds marins, dès les années 1990. Au départ, moins d'une dizaine de chercheurs se consacrait à ce sujet en Europe. Aujourd'hui, cette thématique s'est énormément développée : plus de trente laboratoires l'étudient rien qu'en France.

Cette pollution très récente a commencé après la Seconde Guerre mondiale et a contaminé toutes les régions du monde, de l'Antarctique aux zones les moins habitées, sans oublier les plaines abyssales à 5 000 mètres de profondeur.

Chaque année, 4,8 à 12,7 millions de tonnes de plastique entrent dans l'océan[28]. Au total, la moitié des produits en plastique est conçue pour n'être utilisée qu'une seule fois[29]. « La production du plastique est actuellement supérieure à 300 millions de tonnes par an, indique François Galgani. Les particules flottantes sur l'océan représentent seulement un pour mille de la production annuelle de plastique. Le reste est pour l'essentiel sur les fonds. »

Les premiers pays responsables de ce type de pollution sont la Chine, l'Indonésie, les Philippines, le Sri Lanka, la Thaïlande ou encore l'Égypte. Les États-Unis apparaissent en vingtième position. En comparaison, ce pays gère plutôt bien ses déchets, mais il produit tellement de déchets qu'il se classe parmi les vingt pays les plus responsables de cette invasion de plastique dans l'océan.

Aujourd'hui, les pays émergents posent le plus de problèmes car le traitement de déchets y est peu organisé, alors que dans les pays plus pauvres, la moindre bouteille, le moindre flacon sont réutilisés. En Europe, des filières de traitement des déchets ont été instaurées et le recyclage se développe, même si de vastes progrès restent à réaliser. En France, 21 % du plastique est recyclé[30]. L'objectif du gouvernement est d'atteindre 100 % en 2025. Quelque 83 %[31] des déchets recueillis dans les bacs jaunes sont recyclés ; les 17 % restants sont dus aux erreurs de tri, aux emballages dont la filière n'existe pas, ou encore à la taille trop petite des objets.

Cependant, même les plastiques recyclés ne sont pas sans incidences *via* les microparticules. Lorsque le plastique est recyclé pour fabriquer du tissu, par exemple de la laine polaire, le risque est le rejet de millions de microplastiques dans l'eau lorsque la polaire est lavée à la machine. En France, un plastique dans l'océan provient en général d'un déchet jeté hors d'une poubelle.

Un chiffre est souvent cité par les associations et repris par les médias : en 2050, il y aura plus de plastique que de poissons dans l'océan. Cependant, selon les spécialistes que nous avons rencontrés, ce chiffre spectaculaire est discutable car on ne connaît pas la masse réelle de poissons dans l'océan.

Le plastique retrouvé dans l'océan est la plupart du temps peu visible. Les particules ne mesurent que quelques millimètres, voire nanomètres. « Le plastique devient tout petit car, sous les effets des UV, des micro-organismes et des mouvements de la mer, un sac plastique se dégrade et se fragmente, nous précise Isabelle Autissier, présidente de l'association WWF-France. Si l'élément plastique dure entre cinq cents et mille ans, il perdurera sous forme de microparticules. » Il est difficile d'indiquer une « durée de vie » exacte des plastiques en mer. On manque de recul. Les plastiques existent depuis moins longtemps que leur durée de vie. Un plastique fin flottant en surface a une durée de vie inférieure de plusieurs centaines d'années à un plastique épais immergé dans l'océan plus profond.

▸ **Isabelle Autissier** est présidente de l'association WWF-France (Fonds mondial pour la nature). Cette ancienne navigatrice est également ingénieur agronome spécialisée dans l'halieutique, c'est-à-dire dans l'exploitation des ressources aquatiques. « On ne voit pas que l'océan est pollué, constate-t-elle. On ne perçoit pas que l'océan est plus chaud. On peut naviguer sans s'en rendre compte. Nous pensions que l'océan et les poissons étaient infinis. Nous connaissons moins les grandes fosses océaniques que la lune. »

Le plastique a envahi tout l'océan. À cause des vents, des courants, du principe de circulation océanique*, il s'accumule toutefois dans certaines zones. « Il y en a cinq, appelées "continents de plastique" ou "îles plastiques", précise François Galgani. Une autre expression est utilisée : la "soupe plastique", car les microplastiques ramassés dans un filet forment ensemble une sorte de soupe. Mais, dans la réalité, les plastiques sont dispersés. Il n'y a pas de continents de plastique à proprement parler. On ne les voit pas. Il est plus juste de dire que, dans certaines zones, la densité du plastique est plus élevée à cause de la circulation océanique. La densité est tout de même moins forte que dans certaines zones côtières ou les mers plus fermées comme la mer Méditerranée ou la mer du Bengale. » En Méditerranée, les microplastiques atteignent 1,25 million de fragments par kilomètre carré, près de quatre fois le niveau de l'une des cinq « îles plastiques[32] ».

Plus de 800 espèces marines et côtières[33] sont affectées par ces débris marins. Par exemple, lorsqu'un pêcheur perd un filet, celui-ci continue à piéger du poisson pendant plus d'un an. C'est ce qu'on appelle des « filets fantômes ». La mort d'animaux par étranglement ou, en second lieu, par ingestion en est l'une des conséquences majeures. L'odeur des plastiques recouverts d'algues et de bactéries attirerait même certaines espèces de poissons. On estime que 90 % des oiseaux de mer ont ingurgité du plastique[34]. Certaines espèces d'oiseaux en ont l'estomac plein, mais l'ingestion n'est pas forcément la cause de leur mort. Dans beaucoup de cas, cette cause reste inconnue. Même si ce chiffre est difficile à vérifier, un million d'oiseaux et 100 000 mammifères marins[35] mourraient chaque année à cause de l'ingestion de plastique.

Quant aux tortues, elles confondent les sacs en plastique et les méduses ; les occlusions intestinales que provoquent ces ingestions peuvent être mortelles. Plus de 86 % des tortues marines ont ingurgité du plastique[36]. Dans certaines régions comme la Méditerranée, ce chiffre peut être plus élevé. Chez les cachalots et les dauphins, l'ingestion est accidentelle et donc moins fréquente.

Un autre impact du plastique dans l'océan est encore mal connu : le transport d'espèces par les déchets. « Portées par les 5 000 milliards de particules qui circulent doucement, des espèces peuvent parcourir des milliers de kilomètres et se disperser, analyse François Galgani. Il peut se produire un brassage génétique dont on ne connaît pas toutes les conséquences. Des espèces à risques telles que des algues toxiques peuvent se fixer dessus et se disséminer par ce biais. De même, des pathogènes peuvent se déplacer. Certains pathogènes humains comme les salmonelles ne survivent normalement pas plus de 2 à 3 heures en mer, mais ils peuvent se fixer sur le plastique et être dispersés plus rapidement, favorisant ainsi la contamination du milieu ambiant. »

Le plastique ingéré par les poissons et les crustacés a-t-il un impact sur toute la chaîne alimentaire ?

Le plastique se retrouve-t-il dans la chair du poisson ? La plupart des plastiques ne sont pas conservés par les huîtres. « Il devrait en être de même pour les poissons. Les nanoplastiques pourraient passer, mais en très faibles quantités, décrypte François Galgani. Peu d'arguments montrent pour l'instant que ces particules passent dans la chair. Mais nous n'avons pas beaucoup de recul. »

Plusieurs techniques sont expérimentées pour nettoyer l'océan du plastique qui l'envahit. Selon la plupart des spécialistes interrogés, ces solutions restent illusoires car elles sont difficiles à mettre en œuvre, sont coûteuses et peuvent également collecter des organismes marins tels que des petites tortues en prélevant les particules de plastique. Il serait préférable d'arrêter de produire du plastique et d'établir des filières pour mieux gérer les déchets. « Ceux qui pensent que l'on va pouvoir nettoyer l'océan, ça me fait rigoler ! explique Isabelle Autissier. Il s'agit de tout petits objets de quelques millimètres, y compris dans les fosses océaniques. Le plus urgent est de développer des solutions technologiques pour remplacer le plastique par du biodégradable. Il faut également mieux collecter ce qui peut l'être. »

« Des mesures radicales peuvent être prises, ajoute Francois Galgani. Quand j'étais gamin, on trouvait des pneus sur les plages. Il n'y avait pas de recyclage. Maintenant, on n'en trouve quasiment plus car le recyclage a été mis en place. »

Des interdictions peuvent aussi être décidées. « En France, le coton-tige en plastique sera interdit à partir de 2020, assure Diane Beaumenay-Joannet, de la fondation Surfrider. Les gens jettent des cotons-tiges dans les toilettes et cela passe par les grilles d'épuration. Il existe des alternatives, telles que les cotons-tiges en papier ou en carton. Pour autant, faut-il continuer à les jeter dans les toilettes ? »

▸ **Diane Beaumenay-Joannet** est chargée de mission « lobbying climat et déchets aquatiques » pour Surfrider (« surfeur »), une fondation créée en 1990 dans le Sud-Ouest de la France. Le golfe de Gascogne, en effet, est particulièrement touché par la pollution due aux courants marins. Cette fondation fait notamment participer le public à des opérations de ramassage de déchets sur les plages. Ces actions permettent de sensibiliser le public et de collecter des données.

Les sacs en plastique à usage unique ont déjà été interdits aux caisses des magasins en 2016 et 2017. Depuis 2018, les microbilles en plastique dans les cosmétiques ont également été bannies. L'Union européenne et la France voudraient élargir ces interdictions à d'autres produits à usage unique, telles que les pailles et les touillettes à café.

Une autre forme de pollution se répand également chaque été : les crèmes solaires. Les récifs coralliens déjà menacés sont affectés par certains produits chimiques présents dans ces crèmes. Les composants qui permettent aux crèmes de ne plus laisser de traces blanches sur la peau contribuent en revanche au blanchissement corallien. On estime qu'entre 4 000 et 6 000 tonnes de crème solaire sont libérées chaque année sur les récifs coralliens à travers le monde[37]... Sont à éviter les crèmes solaires contenant des filtres chimiques BP2 et BP3. « Des marques de crèmes solaires mettent en avant dans leurs publicités le fait qu'elles préservent l'océan, mais elles ne le font pas en changeant la formule de leurs produits, mais en versant de l'argent à telle ou telle fondation, dénonce Nicolas Imbert de Green Cross. Les crèmes solaires bios sans nanomatériaux fonctionnent bien. Mieux vaut acheter une crème plus chère mais plus petite et ne pas en jeter la moitié. »

▸ **Nicolas Imbert** est directeur de Green Cross France et Territoires. Cette association fait partie d'une ONG qui défend l'environnement. Ses actions sont particulièrement liées à l'océan et à l'accès à l'eau potable. Elle concourt notamment à mieux comprendre les enjeux actuels.

L'océan pillé

Mammifères, oiseaux, reptiles ou poissons, les populations d'animaux marins ont chuté de 49 % entre 1970 et 2012[38]. Les causes sont multiples : réchauffement climatique, acidification, surpêche, côtes bétonnées, destruction des mangroves... Les côtes et les mangroves sont en effet des lieux de reproduction des poissons. Or, entre 1980 et 2005, près de 20 % des mangroves ont disparu[39].

« Dans l'océan, le problème est qu'on ne voyait pas ce qui était prélevé, déplore Nicolas Imbert.

Cela s'est produit encore plus vite que sur terre. » Nous pêchons beaucoup trop de poissons. En 2013, 31,4 % des réserves en poisson étaient surexploitées et 58,1 % étaient exploitées au maximum[40]. En Méditerranée, près de 90 % des espèces sont surexploitées ou à la limite de la surexploitation[41].

Gwen Pennarun, fils et petit-fils de pêcheur, s'inquiète de cette raréfaction de la ressource. En France, le nombre de marins pêcheurs a diminué de 57 % depuis 1945[42]. « Nous maintenons un niveau de capture, mais nous réalisons plus d'heures et utilisons des bateaux plus puissants, plus équipés en électronique, avec des sondeurs ou des ordinateurs plus performants », explique-t-il. Grand défenseur de la pêche artisanale, il se bat depuis des années pour l'arrêt de la pêche et de la vente du bar pendant la période de reproduction. « Les mesures sont prises trop tardivement, regrette-t-il. Voilà trente ans que nous nous battons contre la pêche sur frayère, lieu de reproduction des poissons. On a tellement attendu que c'est l'Europe qui prend des mesures. »

▸ **Gwen Pennarun** est président de l'association des ligneurs de la pointe de Bretagne et coprésident de la Plateforme de la petite pêche artisanale française. Pêcheur professionnel en Bretagne depuis plus de trente ans, son métier consiste à capturer le bar à la ligne : une technique de pêche douce et écologique, qui n'abîme pas les fonds. « Nous pêchons peu, mais notre poisson est d'une qualité exceptionnelle, affirme-t-il. Notre devise n'est pas de faire du volume, mais de pêcher peu pour vendre mieux. Beaucoup disent que cela ne sert à rien d'aider la petite pêche. Elle se porte tellement mal qu'elle est condamnée à disparaître. De tels propos sont regrettables. »

La surpêche peut avoir des conséquences sur tout l'écosystème. « La prolifération de méduses est liée au réchauffement climatique, ainsi qu'à la surpêche, explique Isabelle Autissier. Nous avons tué et consommé tout le haut de la chaîne alimentaire, les gros poissons. »

La surexploitation des ressources halieutiques peut également déstabiliser une région. « Pourquoi des Somaliens sont-ils devenus des pirates ? s'interroge Isabelle Autissier. Parce qu'il n'y avait plus rien à pêcher. Pourquoi ? Notamment à cause des bateaux de la Communauté européenne qui venaient pêcher au large ou braconner dans leurs eaux. L'autre raison est le déversement de produits toxiques par les mafias. La soutenabilité des écosystèmes influe directement sur la paix. »

Aujourd'hui, pour plus de 3,1 milliards de personnes, le poisson représente près de 20 % des protéines animales consommées[43]. Beaucoup dépendent de cette nourriture pour survivre. Il est donc d'autant plus indispensable de préserver cette ressource.

La pêche équivaut à la cueillette des plantes sauvages avant les débuts de l'agriculture. Pour éviter cette surpêche, pourquoi ne pas plutôt développer l'élevage, c'est-à-dire l'aquaculture ? Pour l'instant, les solutions mises en œuvre dans cette filière ne sont guère satisfaisantes : utilisation excessive d'antibiotiques, pollution, etc. Pourtant, ce secteur s'est développé ces dernières années. Près de la moitié des produits de la mer consommés est aujourd'hui issue de l'aquaculture. « Pour réaliser un kilo de poisson d'élevage, il faut 4 kilos de poissons sauvages, explique Gwen Pennarun. Les aquaculteurs pêchent de petits poissons de fourrage pour nourrir les autres. Des chalutiers sont en train de vider la Manche. » Gilles Bœuf en tire la conclusion : « En aquaculture, il faut privilégier les poissons omnivores et non carnivores : les muges, les mulets, les tilapias… » Des tentatives pour améliorer les conditions d'élevage sont en cours. Des certifications de modes d'élevage plus durables se mettent en place, tels le label AB ou l'ACS (Aquaculture Stewardship Council : Conseil pour la bonne gestion de l'aquaculture).

Poissons d'élevage, poissons sauvages : sur les étals de poissonniers, il est compliqué de s'y retrouver ! Contrairement à d'autres aliments, aucun label unique. Nous connaissons mal la saisonnalité des pêches : le bar d'avril à octobre, les sardines de mai à octobre… Aujourd'hui, il existe des labels tels que le MSC (Marine Stewarship Council : Conseil pour la bonne gestion des mers) pour le poisson sauvage, mais ils ne font pas l'unanimité. On pourrait mieux orienter le consommateur au moyen d'un label indépendant et gratuit. Il conviendrait également de diminuer de 40 % notre consommation de poissons sauvages[44].

« La surpêche a aussi une influence sur le climat, alerte Gilles Bœuf. Si vous enlevez tous les poissons pélagiques d'une région [c'est-à-dire les poissons proches de la surface], vous faites s'effondrer le nombre de baleines ainsi que les poissons prédateurs, et les oiseaux marins qui les mangent. Ensuite, comme il n'y a plus de poissons pélagiques, le zooplancton explose. Ce dernier mange tout le phytoplancton qui permet à l'océan d'avoir son rôle de fixateur de carbone. »

Préserver cet univers oublié

À ce jour, seuls 3,4 %[45] de l'océan sont officiellement protégés, sans doute encore moins en réalité car les contrôles ne sont pas fréquents.

Pour préserver l'océan, la France, elle aussi, a créé des réserves. 22 %[46] des eaux françaises sont couvertes par au moins une aire marine protégée*. L'objectif est d'atteindre 32 %[47] d'ici 2022. « Il faut des aires assez importantes pour avoir un effet sur les populations marines, fait observer Isabelle Autissier. Au début, les pêcheurs râlent, mais dans la plupart des aires marines, on peut encore pêcher avec un cahier des charges plus strict. Au bout de cinq à six ans, les pêcheurs se rendent compte qu'ils pêchent mieux, les espèces reviennent. À Port-Cros, par exemple, le mérou est bien plus rentable vivant que mort car ce poisson attire les touristes : la balade rapporte plus que le kilo pêché. »

De nombreuses associations regrettent que l'océan soit souvent oublié lors des grandes rencontres internationales telles que la COP21. Les consciences commencent à s'éveiller. En 2017, la première grande conférence sur l'océan a eu lieu à New York.

Pour préserver les richesses des profondeurs et du sous-sol de la haute mer, des règles plus strictes sont en cours d'élaboration. L'Organisation des Nations unies (Onu) a ouvert la voie à un futur traité sur la haute mer. « Mais c'est compliqué, précise Isabelle Autissier. Au-delà des 200 milles nautiques, on ne peut pas dire qu'il n'y a pas de réglementation. Elles sont nombreuses, mais il n'y a aucune gestion globale et aucune vision globale. »

Le problème est que les règles internationales sont lentes à mettre en place et les consensus difficiles à trouver, alors que la production de plastique continue à augmenter, tout comme le trafic maritime ou les extractions pétrolières et gazières. « Quand on répertorie tous les projets en Méditerranée – extraction de pétrole offshore, bétonnage, accueil de touristes toujours plus nombreux –, on croit rêver, s'indigne Isabelle Autissier. La Méditerranée est proche du *burn out* ! Le WWF a été financé par l'Union européenne pour faire une étude sur la mer Méditerranée[48]. Jamais personne ne s'était posé la question de la juxtaposition de tous ces projets. Les résultats sont préoccupants. On aimerait que la réflexion soit plus globale. Si vous faites des forages pétroliers à côté des touristes, cela risque de mal finir… »

Nous oublions que l'océan est une composante majeure de notre planète et qu'il est touché au quotidien par nos achats, notre façon de vivre, de consommer et surtout de manger. À cause de l'agriculture intensive, notamment, les cours d'eau sont pollués, et cette pollution se dirige ensuite vers l'océan. C'est ainsi que l'on retrouve des pesticides jusque dans la graisse des baleines. Situés en bout de chaîne alimentaire, les cétacés accumulent ces polluants – y compris des pesticides interdits depuis des dizaines d'années – et peuvent être plus contaminés que d'autres animaux. Ces substances affectent leur fertilité et provoquent des cancers ou des malformations.

DEUXIÈME PARTIE

L'agriculture intensive, principale cause de la pollution et de la consommation d'eau

Au cours de notre enquête, nous nous sommes rendu compte que l'on confond parfois l'état des nappes phréatiques ou des cours d'eau et celui de l'eau du robinet. Les deux sont liés, mais ils peuvent présenter de grandes différences car il existe aujourd'hui de puissants traitements pour rendre une eau buvable.

Dans cette partie, nous traiterons essentiellement de l'état des ressources en eau dans la nature. Nous reviendrons plus en détail, dans la troisième partie, sur l'eau que nous buvons et sur les zones de captage, lieu où l'eau est prélevée avant d'être traitée.

De l'élevage intensif aux algues vertes

Les algues vertes ont totalement envahi la plage de son enfance. André Ollivro a même envisagé de vendre son cabanon sur la plage de la Grandville à Hillion, dans la baie de Saint-Brieuc. Mais ses enfants l'en ont dissuadé. Ses ancêtres, son oncle et sa tante ont toujours vécu là. Les premières algues vertes, il les a vues apparaître à la fin des années 1960, mais le sujet n'a commencé à être médiatisé que dans les années 1980. Depuis, elles n'ont cessé de proliférer.

Architecte de réseaux de gaz à la retraite, André Ollivro combat cette pollution depuis 1999. « Je suis bénévole, je suis parfois fatigué, stressé, mais je n'imagine pas arrêter ce combat. C'est un exemple pour mes enfants et petits-enfants. Cela donne du sens », affirme-t-il. Figure de proue de l'association Halte aux marées vertes, il a remporté de nombreux combats et démontré la nocivité de ces algues vertes, dévastatrices pour toute une région.

▸ **André Ollivro** est porte-parole et vice-président de l'association Halte aux marées vertes, dont il fut longtemps le président. Ayant largement participé à la médiatisation de ce sujet, il en explique le succès notamment par la participation d'artistes bénévoles et le théâtre de rue, afin d'interpeller les Bretons et plus généralement les Français sur ce sujet crucial.

L'origine de cette pollution n'a pas été facile à déterminer. On a longtemps montré du doigt la pollution domestique, notamment les phosphates des lessives. Il est vrai que, dans certains secteurs, elle a eu des incidences. Mais aujourd'hui, plus aucun doute, les rapports sont nombreux[1] : l'agriculture intensive est de loin la première cause de l'apport d'azote à l'origine des algues vertes, à plus de 90 %[2].

Cet azote provient de l'excrément des animaux élevés de façon intensive et de l'azote minéral ajouté par les céréaliers et les maraîchers. Les algues vertes sont la manifestation d'un phénomène appelé eutrophisation et déclenché par l'azote et le phosphore. « L'eutrophisation est le syndrome d'un écosystème saturé par les nutriments, explique Sylvain Ballu, responsable du suivi des marées vertes au Centre d'étude et de valorisation des algues (Ceva). Les écosystèmes ne peuvent pas gérer tout cet apport. »

La Bretagne abrite une agriculture particulièrement intensive. Première région d'élevage en France, elle abrite 58 % de la production de porcs français[3]. « En Bretagne, il fait doux et humide, ajoute Sylvain Ballu. C'est d'ailleurs pour cela que ce sont des terres agricoles. Il y a beaucoup de matières organiques dans les sols. Des raisons naturelles expliquent cette minéralisation. »

Si l'agriculture est la première cause de la prolifération des algues vertes, d'autres raisons plus secondaires favorisent ces marées : le sol breton, donc, mais aussi la topographie de certaines baies, celles qui sont larges, peu profondes et dont l'eau est claire.

▸ **Sylvain Ballu**, responsable du suivi des marées vertes au Ceva de Pleubian, est confronté aux associations comme aux agriculteurs. Le Ceva calcule chaque année la quantité d'algues vertes. Des chiffres très attendus et sujets à controverse.

Entre 1980 et 1995, le taux de nitrate* dans les rivières bretonnes a explosé pour atteindre plus de 50 mg/l en 1993[4], valeur maximale au-delà de laquelle l'eau ne peut plus être utilisée pour la production d'eau potable. Entre 1971 et 2007, la baie de Vilaine a reçu en cumul environ 2 200 000 tonnes de nitrates, soit 500 000 tonnes d'azote[5] ! Impossible pour un écosystème de digérer une telle quantité.

La France a été de nombreuses fois condamnée. En 2001, 2013 et 2014, la Cour de justice de l'Union européenne a condamné l'État français pour non-respect de la directive sur le nitrate. Il a de nouveau perdu face à la justice française : dès 2007, le tribunal administratif de Rennes l'a reconnu responsable des marées vertes, pour n'avoir pas respecté les mesures préventives prévues dans la loi. Des carences ont été observées dans l'application de la réglementation nationale et européenne.

Depuis, les condamnations n'ont pas cessé. Les communes touchées par les algues vertes ont attaqué l'État. En février 2018, le tribunal administratif de Rennes l'a condamné à verser 556 509 euros à l'agglomération de Saint-Brieuc. Cette somme équivaut aux remboursements des frais liés au ramassage des algues, lors des années 2014, 2015 et 2016. En Bretagne, le coût annuel du ramassage des algues vertes est estimé à 1,4 milliard d'euros par an[6]. L'État n'a donc pas su empêcher la prolifération d'algues vertes.

Pour la faune et la flore, les conséquences sont encore plus considérables. « Normalement, dans ces baies sableuses, il n'y a pas d'algues. Ce sont des déserts, constate Sylvain Ballu. Cependant, des écosystèmes existent. Comme il y a trop de nutriments, ce désert devient une forêt sableuse. Les marées vertes perturbent l'écosystème. Ponctuellement, elles ont un impact très fort. La nuisance ultime, localement, est la putréfaction. Dans les endroits où les algues vertes s'échouent et pourrissent, c'est la catastrophe. En dessous, plus rien ne vit, tout est asphyxié, la faune et la flore. Plus largement, les algues vertes perturbent les écosystèmes. Dans les baies envahies, les espèces de poissons peuvent varier par rapport aux autres baies. Nous sommes au début de ces recherches, c'est très complexe à analyser. » Ponctuellement, les marées vertes dégradent, voire tuent tout un écosystème, lorsque les algues vertes se décomposent. À l'échelle de toute une masse d'eau, les conséquences sont moindres et moins bien connues, même si elles perturbent l'écosystème.

Les algues en décomposition peuvent également avoir un impact sur la santé humaine et animale. « Elles sont toxiques, alerte André Ollivro. À partir d'un certain seuil, elles peuvent provoquer la mort. En dessous, elles provoquent des malaises. Cela dépend du taux d'hydrogène sulfuré, un gaz toxique pour les êtres humains, produit lorsqu'elles se décomposent. »

L'aspect sanitaire du problème est débattu depuis de nombreuses années. Les arguments scientifiques montrant la toxicité des algues vertes en décomposition s'accumulent au fil des ans. Plusieurs animaux sont morts sur les plages sujettes aux marées vertes : trente-six sangliers en 2011, un cheval, des chiens, des ragondins, un blaireau... L'agence de sécurité sanitaire a estimé qu'une intoxication par le sulfure d'hydrogène dégagé par la décomposition des algues était l'hypothèse la plus probable afin d'expliquer ces décès d'animaux, précisant que d'autres facteurs pouvaient être impliqués[7].

Trois hommes sont morts sur des plages envahies d'algues ou après s'y être trouvés, dont deux joggers en 1989 et 2016, sans toutefois que le lien avec les marées vertes ait été établi. En 2009, Thierry Morfoisse est décédé au volant de son camion après avoir transporté des algues vertes décomposées. Après neuf années de combat, le tribunal des affaires sociales de Saint-Brieuc a reconnu, en juin 2018, que l'arrêt cardiaque dont il a été victime était lié à l'inhalation du gaz toxique produit par les algues. Son décès a donc été considéré comme un accident du travail. C'est la première fois que la justice reconnaît que les algues vertes peuvent tuer.

Depuis leur prolifération, des progrès ont-ils été enregistrés ? L'État a mis du temps à réagir. En 2010, un plan de lutte contre les algues vertes a été élaboré. Certes, ces mesures sont jugées insuffisantes et pas assez coercitives par les associations environnementales, mais tous les acteurs rencontrés à ce propos conviennent que des efforts ont été réalisés et que les consciences se sont éveillées. Dans les rivières de Bretagne, même si le niveau reste bien plus élevé que dans les années 1960, le taux de nitrates diminue depuis 1999 : de 50 mg/l à 33 mg/l en 2014[8].

Les agriculteurs ont équipé leur exploitation de stations d'épuration et l'épandage est mieux géré. Des efforts ont été fournis, notamment autour des captages, lieux où l'eau est prélevée pour fournir l'eau potable. « Les agriculteurs ne déversent plus le lisier directement dans la rivière, se félicite Gérard Borvon, président de l'association S-eau-S. Ces pratiques ont disparu. »

▸ **Gérard Borvon**, professeur de physique-chimie à la retraite, est un militant écologique de longue date. Habitant à Landerneau, il s'est mobilisé pour l'eau, qui est « au centre de tout, notamment en Bretagne ». L'association S-eau-S, dont il est le président, a longtemps réalisé des mesures indépendantes de la pollution de l'eau, notamment des nitrates. Elle a également établi un lien entre les associations environnementales et celles de consommateurs.

Cependant, le nombre de porcs élevés en Bretagne n'a pas diminué. Bien au contraire ! En 1990, 10 230 103 porcs étaient élevés dans cette région[9]. Aujourd'hui, cette production annuelle atteint 13 359 218[10]. « Il n'y a jamais eu autant d'élevages de cochons en Bretagne, déplore André Ollivro : 500 cochons au km^2 dans les Côtes d'Armor, pour une moyenne de 35 au niveau national. »

En somme, il s'agit de contenir un système sans changer les pratiques agricoles. Dominique Voynet, ministre de l'Environnement entre 1997 et 2001, évoque les difficultés qu'elle a rencontrées à les modifier : « Nous avons voulu monter un deuxième plan d'origine agricole, mais nous nous sommes fracassés, en quelque sorte, sur le comportement de l'État, incarné par les préfectures et le ministère de l'Intérieur. Lorsque nous avons tenté de limiter les cheptels, les préfets et le ministère de l'Intérieur donnaient des ordres inverses et préconisaient, en commission, de voter pour l'extension de ces fermes. Et puis, lors des contrôles planifiés, les services des inspections vétérinaires prévenaient les agriculteurs la veille. Des camions allaient chercher les effectifs excédentaires pour les amener chez les voisins pendant quelques heures. »

▸ **Dominique Voynet** est inspectrice générale des affaires sociales. Médecin, elle s'intéresse notamment aux liens entre environnement et santé. Grande défenderesse de l'environnement, elle a été ministre de l'Environnement de 1997 à 2001, sous le gouvernement de Lionel Jospin. La grande loi sur l'eau qu'elle avait élaborée a été attaquée de toutes parts par les lobbys et tellement modifiée – dix-sept versions ! – qu'elle a refusé de la présenter à l'Assemblée nationale. Dans le monde de l'eau, ce projet de loi initial est souvent cité en modèle. Libre de tout mandat comme de toute ambition politique, elle s'exprime aujourd'hui sans langue de bois.

Résultat sur le terrain : les algues vertes diminuent, mais pas assez rapidement. Leur « saison » peut commencer dès avril et durer jusqu'en octobre. En 2017, les niveaux ont même atteint ceux de 2009, avec une hausse de 42 %[11] par rapport à la moyenne annuelle entre 2002 et 2016. « Pour l'instant, les algues vertes sont encore à un niveau supérieur à ce que l'on mérite, précise Sylvain Ballu. L'hiver 2016-2017, nous n'avons pas eu beaucoup de houle. Or la houle évacue les algues vertes de l'année passée. Elles n'ont donc pas été dispersées et nous avons gardé le stock de l'année précédente, ce qui favorise leur prolifération. En 2017, tous les paramètres étaient alignés pour leur prolifération. L'hiver et le printemps ont été très lumineux, l'eau était plus chaude. Le réchauffement climatique peut également avoir joué. »

Les algues vertes sont un cas particulièrement intéressant car, au contraire de nombreuses pollutions liées à l'agriculture, celle-ci est visible. Les algues vertes rendent la pollution des nitrates perceptible. Elles montrent qu'un mode d'agriculture a un impact jusqu'au littoral et que les choix agricoles d'un territoire peuvent avoir de lourdes conséquences pendant de nombreuses années.

Les défenseurs de l'environnement l'affirment : les algues vertes ne pourront pas disparaître sans changement fondamental des pratiques agricoles. Certes, les porcs en agriculture biologique produisent également du fumier, donc de l'azote, mais ils sont beaucoup moins nombreux au sein d'une même exploitation. Un tel système serait bien moins intensif. Il faudrait en outre revenir à des fermes à taille humaine alliant polyculture et élevage, afin de mettre fin à l'aberration que représentent plus de 13 millions de porcs produits dans une même région, soit plus de trois fois la population bretonne ! « Les évolutions sont très lentes et je ne vois pas comment cela peut changer tant qu'on aura autant d'élevages de porcs en Bretagne, interpelle Gérard Borvon. Les grands producteurs porcins ont été autorisés à racheter des exploitations et à s'agrandir. Il n'y a rien de plus facile que d'élever un porc. Auparavant, il y en avait partout en France, au sein de petites exploitations. »

Les nitrates, bien sûr, ne sont pas présents qu'en Bretagne. Sur la moitié du territoire français, les cours d'eau présentent une teneur en nitrates supérieure à 10 mg/l[12], valeur considérée comme naturelle. Sur 15 % du territoire, cette teneur excède 25 mg/l[13]. Dans les nappes phréatiques, sur 73 % du territoire français[14], la présence de nitrates est supérieure à la valeur naturelle de 10 mg/l ; sur 43 % du territoire[15], elle dépasse 25 mg/l, valeur guide européenne recommandée. Il convient cependant de préciser que cette norme européenne de traitement de l'eau (afin de la rendre potable) n'a pas été créée pour les milieux aquatiques. Selon plusieurs chercheurs interrogés, les mesures et les normes sont orientées afin de convenir à la production d'eau potable, plutôt qu'à la préservation des milieux. La préoccupation environnementale dans ce domaine est très récente. À 25 mg/l, tous les écosystèmes sont déjà touchés, d'autant plus que ce n'est pas la seule source de pollution.

Les pesticides : un cocktail chimique méconnu

Les pesticides sont l'autre source de pollution de l'eau par l'agriculture. En France, ils sont présents dans la quasi-totalité des cours d'eau et des eaux souterraines[16]. Dans les eaux de surface, cette contamination est surtout liée aux herbicides tels que le glyphosate. Les concentrations les plus élevées sont relevées dans les régions de grandes cultures du Bassin parisien, de la Beauce, du nord de la France et dans les zones viticoles du Sud-Ouest. Les Antilles aussi sont particulièrement concernées, victimes d'une pollution historique au chlordécone, un insecticide employé dans les bananeraies et interdit depuis vingt ans.

Les traces de pesticides persistent dans l'eau des années après leur interdiction. Ainsi, l'atrazine est présente dans plus de 40 % des points de mesure des eaux souterraines[17], alors que son utilisation est interdite depuis 2003. Dans le cas des pesticides, les eaux souterraines sont tout de même un peu moins affectées que les cours d'eau. Certaines couches géologiques les protègent.

Pour remédier à ce problème, des plans d'action locaux autour de certains captages ont été établis (voir troisième partie, p. 144). Parfois efficaces, ils sont limités à une partie du territoire. Au niveau national, des mesures visant à réduire l'utilisation de produits phytosanitaires ont été suggérées, sans grand résultat. Lancé lors du Grenelle de l'environnement en 2008, le premier plan Écophyto prévoyait de diminuer de 50 % l'usage des produits phytosanitaires. Cet objectif n'a pas été atteint.

Quant aux chiffres, ils font l'objet d'intenses débats entre agriculteurs et associations de consommateurs et environnementales[18]. La FNSEA (Fédération nationale des syndicats d'exploitants agricoles), principal syndicat agricole, préfère mesurer en tonnage de pesticides, alors que les associations et le gouvernement comptent en « nombre de doses unités » (Nodu). Cette mesure prend en compte le dosage propre à chaque molécule et lisse les variations saisonnières. Calculée en Nodu, l'utilisation de pesticides de synthèse a augmenté de 17,8 %[19] entre la période 2009-2011 et 2013-2015. « Je conteste l'interprétation de ces chiffres, s'exclame Éric Thirouin, secrétaire général adjoint de la FNSEA. Je préfère regarder la quantité de substance active, plutôt que le Nodu. De plus, nous sommes passés de 1 000 substances actives homologuées par l'Union européenne à environ 400. Les 600 molécules interdites étaient les plus dangereuses. Des efforts ont donc été réalisés. » La FNSEA revendique une baisse en volume de l'utilisation de produits phytosanitaires de 50 % en moins de vingt ans.

▸ **Éric Thirouin** est secrétaire général adjoint de la FNSEA, le principal syndicat agricole en France. Contrairement à d'autres enquêtes réalisées pour la collection « Carnets d'alerte », nous n'avons pas rencontré de difficultés à interroger certains acteurs critiqués par une partie de la société civile, qu'il s'agisse de la FNSEA, de Veolia ou de Suez. Le fait que l'agriculture soit devenue la principale source de pollution et de consommation de l'eau a été remis en cause par la FNSEA. Leur représentant met en avant les progrès réalisés et les repositionnements récents du syndicat. Lors de notre enquête, il est apparu que des évolutions sont en cours au sein de ce puissant lobby agricole. Cependant, elles semblent se concentrer davantage à la base du syndicat qu'à la direction.

« Il faut prendre en compte l'utilisation des pesticides en Nodu, et non en volume comme le fait la FNSEA, assène Olivier Andrault, de l'association UFC-Que choisir, car certaines molécules anciennes n'étaient pas très efficaces. Celles-ci sont remplacées par de nouvelles molécules très efficaces à des doses beaucoup plus faibles. » En utilisant ces dernières, l'agriculteur a donc le sentiment de répandre moins de pesticides. Or ces nouveaux produits phytosanitaires peuvent être plus toxiques à faibles doses.

▸ **Olivier Andrault** est chargé de l'agriculture, de l'alimentation et de l'eau pour l'association de consommateurs UFC-Que choisir. « Auparavant, j'étais lobbyiste dans l'agroalimentaire, raconte-t-il. Neuf fois sur dix, j'obtenais des politiques ce qu'on leur demandait. Depuis que je travaille pour UFC-Que choisir, c'est l'inverse ! Les études que nous réalisons ont aussi pour but de faire prendre conscience au public et aux médias de l'importance d'une problématique. Quand nous rencontrons des parlementaires, des politiques, ils nous écoutent un peu plus. Nous essayons de récupérer, par le biais médiatique, le lobby que nous n'avons pas. »

Le plan Écophyto 2 a repoussé à 2025 la réduction des produits phytosanitaires de 50 %. « Les États membres refusent de remettre en cause frontalement le principe d'un nombre croissant d'intrants [tels que les pesticides de synthèse ou les engrais chimiques] pour toujours plus de production. Ils n'en ont pas le courage politique, regrette Olivier Andrault. Voilà pourquoi cela ne change pas. De nombreux textes français et européens ont été élaborés. Les agriculteurs doivent respecter des tas de directives européennes et environnementales. En théorie, les aides de la Pac (Politique agricole commune) ne sont accordées que si l'agriculteur respecte ces directives. Dans les faits, il recevra ces aides quoi qu'il arrive. »

Un constat appuyé par deux audits de la Cour des comptes européenne[20], qui dénonce des critères trop vagues, des sanctions inexistantes ou peu dissuasives, ainsi que des contrôles insuffisants. Elle s'étonne que ces contrôles déjà peu nombreux ne donnent lieu par ailleurs à aucune infraction. Sur les 14 896 contrôles effectués en 2005 et 2006[21] au titre de la directive habitat en France, aucune infraction n'a été constatée !

François Veillerette, de Générations Futures, confirme ce peu d'entrain à réduire cette pollution. « Nous mesurons, dit-il, la difficulté à faire évoluer le système. Les acteurs du monde agricole, du moins ceux qui dirigent, ne veulent pas vraiment changer le système. J'ai participé aux discussions politiques des plans Écophyto et Écophyto 2. D'un côté, il y a un discours médiatique ; de l'autre, on entend toujours : les pesticides ne sont pas dangereux. Le premier plan Écophyto repose sur des engagements volontaires, il n'a pas fonctionné. Il faut donc en tirer toutes les conclusions pour le nouveau. On pourrait mettre en place des objectifs de résultat par culture et par région, avec une marge de tolérance. Si les objectifs n'étaient pas respectés, des mesures contraignantes seraient appliquées. Aujourd'hui, certains mettent en avant des mesures technologiques au moyen de drones, lesquels permettent de réaliser des économies à la marge. Afin de diviser par deux la consommation de pesticides, il faut changer le système plus radicalement : multiplier les rotations, modifier les variétés de semences utilisées... »

▸ **François Veillerette** est directeur et porte-parole de l'association Générations Futures, spécialisée dans la problématique des pesticides, qui propose des études scientifiques et met en avant des alternatives possibles à l'agriculture intensive. Enseignant de formation, ce militant écologiste a été très tôt sensible aux questions agricoles. Fils de bûcheron, il a grandi dans les zones boisées de la Marne. Il a été choqué, lors de son déménagement en Picardie, par l'étendue du paysage agricole intensif, sans arbres ni haies.

Voici un chiffre révélateur de cette pollution agricole : de 1994 à 2015, 8 627 captages d'eau destinée à la consommation humaine ont été abandonnés[22]. La pollution agricole est la première cause de fermeture de ces captages. Pour éviter une course à la dépollution de l'eau, l'Union européenne a établi des seuils au-dessus desquels on ne peut plus prendre de l'eau pour nos robinets. Cette limite permet d'éviter certaines dérives car même une eau très polluée peut être rendue buvable après des traitements coûteux. « Quand l'eau est trop polluée, le captage est fermé, on ne mesure plus la pollution, explique Gabrielle Bouleau, spécialiste des politiques publiques de l'eau. Par conséquent, on ne connaît pas la pollution de certaines nappes. Quand ce n'est plus un enjeu pour l'eau potable, on ne s'y intéresse plus. On le pourrait pour l'enjeu environnemental, mais cela serait coûteux. »

▸ **Gabrielle Bouleau** est directrice adjointe scientifique au département « Territoires » de l'Irstea (Institut national de recherche en sciences et technologies pour l'environnement et l'agriculture). Ingénieur des ponts, des eaux et forêts, elle est spécialiste des politiques publiques de gestion de l'eau. « L'eau déborde de tous les cadres, cela me plaît bien, raconte-t-elle. Ce côté insaisissable et fluide m'a plu. »

Il est d'autant plus urgent d'agir que les mesures actuelles ne prennent pas en compte le cocktail chimique de ces substances.

Dans les eaux souterraines, on a quantifié jusqu'à 14 pesticides dans un prélèvement en 2007[23]. Dans les eaux de surface, jusqu'à 28 pesticides sont identifiés dans un même prélèvement[24]. Et il est possible de quantifier jusqu'à 45 micropolluants (pesticides, métaux...) dans un seul prélèvement[25]. Aujourd'hui, on ne connaît pas l'impact de cet effet cocktail. Par exemple, beaucoup de métaux lourds ne pénètrent dans les cellules vivantes que si certaines substances synthétiques sont également présentes dans l'eau. « Auparavant, on mettait des paquets d'atrazine [un pesticide aujourd'hui interdit], il était donc possible de le mesurer, précise Anne Spiteri, créatrice d'un site web indépendant sur l'eau. Aujourd'hui, l'atrazine est remplacée par des substances plus nombreuses, plus toxiques, dont on ne connaît pas la mesure dans l'eau à l'état naturel. On en met moins, mais on ne mesure pas l'effet cocktail de toutes ces pollutions chimiques. Les stations d'épuration n'ont pas été conçues pour s'occuper de toute cette pollution chimique. Tout ce que nous utilisons finit dans l'eau. La fonction de l'eau est de nettoyer. Quand on aura tué tout le plancton, on n'aura plus d'oxygène. Nous avons dépensé beaucoup d'argent au détriment de la nature. Nous allons devoir dépenser au centuple pour l'environnement. »

▸ **Anne Spiteri**, polytechnicienne et ingénieur des eaux et forêts, a travaillé pour la police de l'eau et pour l'Institut français de l'environnement. Elle a été à deux reprises mise au placard et poussée vers la sortie car elle remettait en cause la façon dont était calculée la pollution de l'eau. Écœurée par ce qu'elle a vu de la protection de la ressource en eau et de l'information officielle, elle a calculé à partir des données brutes la pollution réelle de l'eau et proposé une réflexion autour de cette thématique. En 2014, elle a décidé d'arrêter d'alimenter le site www.eau-evolution.fr qu'elle avait créé. « Les statistiques de l'environnement ne se calculent pas comme les statistiques des prix, explique-t-elle. Les nitrates peuvent diminuer car la pluie a été abondante une année. Les statistiques de l'environnement sont très complexes à réaliser. Nous mesurons une fois tous les trois mois et en général à la mauvaise heure. La gestion de l'eau est une vieille dame malade et mal entourée. C'est tellement aberrant que l'on s'aperçoit seulement maintenant du cocktail chimique. » Selon cette chercheuse, le niveau déjà très inquiétant de la pollution en nitrates et pesticides de l'eau serait mal évalué et sous-estimé.

Les pesticides sont également à l'origine de nombreux perturbateurs endocriniens, une des substances de cet effet cocktail, qui sont pris en compte depuis peu. En France, 73,3 % des pesticides les plus quantifiés dans les eaux de surface[26] et 53,3 % des pesticides les plus fréquemment quantifiés dans les eaux souterraines[27] sont soupçonnés d'être des perturbateurs endocriniens. Même à très faible dose, les perturbateurs endocriniens sont susceptibles d'avoir des effets sur la faune et la flore de nos cours d'eau. Les conséquences sont multiples et encore mal étudiées. Un des impacts est la féminisation des populations de poissons ou le développement d'organes génitaux mâles chez les femelles de gastéropodes marins. Les perturbateurs endocriniens peuvent aussi déclencher des atteintes osseuses chez les phoques et diminuer le nombre d'espèces de batraciens[28].

Afin de mieux étudier et limiter les effets des micropolluants, des plans d'action gouvernementaux ont été mis en place. « Nous sommes face aux problèmes des micropolluants, constate Yves Levi, spécialiste des liens entre la santé et l'environnement. C'est la première fois dans l'histoire de l'humanité que tant de micropolluants sont mélangés, et ce à cause de la chimie moderne qui s'est énormément complexifiée. Pour l'environnement, le risque est réel. Pour l'instant, nous ne sommes pas capables de définir le niveau de risque. Une partie est nettoyée par les stations d'épuration, mais pas l'ensemble des micropolluants. Les pesticides sont une source très importante de perturbateurs endocriniens. Ensuite, il y a les médicaments. Contrairement aux idées reçues, la pilule contraceptive ne représente pas le facteur le plus important de la féminisation des poissons. C'est le Vatican qui a mis en avant cet argument. »

▸ **Yves Levi**, spécialiste des liens entre la santé et l'environnement, est professeur à la faculté de pharmacie de l'Université Paris-Sud, membre de l'Académie nationale de pharmacie et membre correspondant de l'Académie nationale de médecine. Selon lui, les connaissances sur les mélanges de micropolluants sont insuffisantes. Les normes européennes ne sont pas encore définies.

Pollution, barrages et autres ouvrages qui entravent l'écoulement de l'eau sont la cause de la chute du nombre de poissons. Aujourd'hui, dans les cours d'eau, 184 espèces aquatiques sont en danger ou vulnérables[29]. Quatre ont complétement disparu[30] et plus d'une espèce d'insectes éphémères sur cinq est menacée de disparition[31].

Les larves de ces petits insectes sont particulièrement sensibles à la pollution. Situés à la base de la chaîne alimentaire, ceux-ci servent de nourriture aux libellules ou aux poissons.

« Je suis inquiet, se souvient Bernard Rousseau, militant écologiste. Quand j'étais enfant, je me baladais au bord d'une petite rivière à côté du Loiret, j'y voyais des brochets en quantité. C'était un spectacle ! Aujourd'hui, ces poissons ont disparu. La biodiversité aquatique est beaucoup plus affectée que la biodiversité terrestre. Les rivières collectent tout ce que l'on fait sur le bassin versant. L'eau qui tombe sur le territoire est guidée par la ligne de pente du bassin versant, toute l'eau qui s'écoule sur le sol finit par se retrouver dans la rivière. Cela concentre et fait circuler la pollution. »

▸ **Bernard Rousseau**, militant écologiste de la première heure, a participé dès les années 1990 au combat Loire vivante, pour empêcher la construction de ponts et de barrages. Ingénieur en physique de la matière condensée et chercheur au CNRS à la retraire, il a été président de l'association FNE (France Nature Environnement), puis il a été en charge du dossier de l'eau. Il est aujourd'hui représentant FNE à l'agence de l'eau* Loire-Bretagne, ainsi qu'au Comité national de l'eau*. « Je me suis intéressé à l'eau certainement pour la beauté des cours d'eau, confie-t-il. Quand vous voyez une masse d'eau, vous ne voyez jamais ce qu'il y a dedans. Elle représente un mystère de complexité. »

Même constat de désolation pour Gérard Borvon, autre militant écologiste : « L'eau est le réceptacle des polluants, le véhicule des polluants. Dans la rade de Brest, les interdictions de pêche de coquillages se multiplient. La pêche à pied est une tradition de père en fils, depuis des générations. Aujourd'hui, j'y vais avec mes petits-fils, je leur montre les coquillages que nous ne mangerons pas à cause des toxines accumulées par cet environnement dégradé. Je ne ramasse plus de coquillages, alors qu'auparavant c'était un lieu formidable pour la pêche. Le rapport à l'eau a complètement changé. »

Cette pollution agricole n'est pas spécifique à la France. Elle s'est développée dans tous les pays d'agriculture intensive.

Les autorités ont du mal à venir à bout de cette pollution chimique agricole invisible. Tout au plus s'efforcent-elles de la contenir. En vain. Les agences créées par la loi sur l'eau de 1964 ont échoué, alors que cette gestion de l'eau est parvenue à mettre fin à une grande part de la pollution domestique et industrielle, beaucoup plus visible.

La pollution domestique et industrielle en recul

« Au XIXe siècle, avec les révolutions industrielles, certaines rivières ont été sacrifiées, explique Gabrielle Bouleau. L'État a autorisé les rejets de la pollution industrielle et urbaine dans les rivières. » À l'époque, ces rejets étaient perçus comme une contrepartie au développement de la France pour concurrencer l'Allemagne[32].

Au cours du xxe siècle, les pêcheurs amateurs ont été parmi les premiers à avertir les pouvoirs publics de l'ampleur de cette pollution. « Ils voyaient le nombre de poissons diminuer, l'eau se dégrader. Les autorités leur ont répondu qu'ils étaient responsables, qu'ils pêchaient trop » , précise Gabrielle Bouleau.

Après la Seconde Guerre mondiale, l'état de nos rivières a été progressivement pris en compte. La loi sur l'eau de 1964 instaure un système décentralisé de gestion de l'eau confié à six agences dont la répartition géographique coïncide en grande partie avec les bassins versants – sauf pour la Corse, qui est intégrée à l'agence Rhône-Méditerranée. Ces agences de l'eau ont permis de prendre ces problèmes de pollution à bras le corps. Elles ont pour mission de limiter la pollution, de gérer les ressources en eau, de restaurer la qualité des milieux… Elles reçoivent des redevances et aident au financement des ouvrages. Elles exécutent et mettent en place les politiques décidées par les comités de bassin, surnommés les « mini-parlements de l'eau ». Comme pour les agences, il y a un comité par bassin versant. Chaque comité regroupe des élus locaux et nationaux, des industriels, des agriculteurs et des usagers, *via* les associations de consommateurs et les associations environnementales. Il s'agit d'un système de type « l'eau paie l'eau », c'est-à-dire que ce sont nos factures d'eau – et non pas nos impôts – qui financent la politique de l'eau *via* des redevances.

Ce système de gestion français, reconnu dans le monde entier, a permis de dégager des sommes considérables afin de financer les infrastructures de l'eau. « Les agences ont réalisé un travail extraordinaire, précise Marc Laimé, journaliste, spécialiste des questions liées à la gestion de l'eau. Parties de rien, elles ont mis sur pied un modèle de gestion qui permet d'associer les industriels. Cette gestion a permis de prendre conscience que certaines activités polluaient. Le grand succès des agences est d'avoir réussi avec les industriels, mais d'avoir complètement échoué avec les agriculteurs. »

« Auparavant, la pollution organique était visible, ajoute Bernard Rousseau. C'était un scandale ! Aujourd'hui, elle est moins visible. La puissance publique a l'obligation de publier des données sur l'eau, données parfois contestées. Nous avons réussi à éliminer la pollution organique et industrielle, notamment grâce à l'argent des agences de l'eau ».

▸ **Marc Laimé**, journaliste, est devenu spécialiste des questions liées à l'eau. « Ce sujet m'a intéressé tout de suite, non pas à cause de sa technicité, mais parce que l'eau autorise une grille de lecture sociale, environnementale et politique. » Il a créé un site (www.eauxglacees.fr, 60 000 visites par mois) qui suit avec précision toutes les actualités liées à l'eau. Ce journaliste a acquis une telle connaissance des lois, de la gestion privée ou publique de l'eau qu'il est devenu consultant auprès des collectivités locales. Ceux qui connaissent en détail le monde de l'eau et ses dérives ne sont pas si nombreux.

Certes, les usines sont moins nombreuses sur notre territoire. La désindustrialisation de la France a contribué à supprimer une partie de la pollution. Mais, toutes les personnes interrogées pour cette enquête le reconnaissent, l'industrie a réalisé des progrès significatifs. Ici et là, il reste des pollutions localement dévastatrices, tels les rejets polluants d'une usine d'alumine à Gardanne, dans le sud de la France. Ces rejets polluants forment des boues rouges déversées depuis cinquante ans dans la mer. Cependant, d'un point de vue global, la pollution industrielle a considérablement chuté.

Le nucléaire, grand préleveur d'eau, peut être à l'origine de pollutions majeures de l'eau en cas d'accident, comme l'a démontré en 2011 celui de Fukushima, au Japon. « De la radioactivité a été détectée quatre à cinq ans plus tard sous la forme de traces sur les côtes américaines et canadiennes, indique David Boilley, président de l'Association pour le contrôle de la radioactivité dans l'Ouest (Acro). La radioactivité s'est diluée car l'accident a eu lieu dans l'océan Pacifique, avec de forts courants marins. Le même accident nucléaire en mer Méditerranée ou dans la Manche, ça ne serait pas la même histoire ! À Fukushima, sept ans plus tard, la pêche est toujours interdite dans un rayon de 20 kilomètres autour de la zone d'accident et il y a très peu de pêche dans un rayon de 80 kilomètres, même si la radioactivité diminue plus vite que sur terre. L'eau permet de brasser. »

Dans leur fonctionnement quotidien, les centrales nucléaires, les usines de traitement de déchets nucléaires ou les centres de stockage entraînent des rejets dans l'environnement. Les centrales rejettent de l'eau plus chaude, chargée de rejets chimiques et bactériologiques qui sont autorisés. « Pour certains radioéléments comme le tritium, un hydrogène radioactif, des verrous technologiques existent, indique David Boilley. On ne peut pas séparer l'hydrogène radioactif de l'hydrogène non radioactif d'une molécule d'eau. Si l'on ne veut pas de tritium dans l'eau de mer, il faut arrêter le nucléaire. Pour d'autres, il s'agit de choix politiques, comme pour l'iode 129. Il pourrait être filtré, puisque les filtres existent. Personne ne le dira aussi ouvertement, mais le choix a été fait de le gérer de cette façon. À cause des usines de traitement des déchets et des centrales nucléaires, du tritium est directement mesurée dans la mer, à des faibles doses. L'impact n'est pas nul lors de baignades, mais il reste faible. Concernant l'impact sanitaire, l'objectif est que personne ne soit malade. Pour l'environnement, les critères ne sont pas les mêmes, ils sont moins stricts. Si 1 % des poissons tombent malades, on ne le relèvera pas. Les poissons et les huîtres que nous mangeons contiennent un peu de tritium et d'iode 129. Dans le corps humain, ce dernier peut avoir une incidence sur la tyroïde. L'impact est faible, mais pas nul. À l'usine de traitement de La Hague, par exemple, l'iode 129 est rejeté en mer. Or, d'autres possibilités existent. On pourrait le filtrer et le mettre dans un centre de stockage de déchets ultimes. Les rejets d'iode 129 dans la mer ne sont pas aussi bas que raisonnablement possible. Nous mangeons du poisson contenant de l'iode non radioactif qui va nous protéger de l'iode radioactif : tel est le raisonnement avancé pour justifier ces rejets. Moi, je préférerais le savoir. Si nous avons les moyens d'isoler des rejets de la biosphère, il me semble que c'est mieux. »

Cette fois encore, l'effet de cette nuisance mélangée aux autres types de pollution n'est pas connu. On étudie séparément, polluant par polluant.

▸ **David Biolley**, physicien nucléaire et enseignant-chercheur à l'université de Caen, est président de l'Acro (Association pour le contrôle de la radioactivité dans l'Ouest), créée après l'accident nucléaire de Tchernobyl. Cette association unique réalise ses mesures dans son propre laboratoire d'analyse de radioactivité. Grâce à ces données, ainsi qu'à une analyse pointue des informations délivrées par les sociétés, elle peut interpeller l'État et les entreprises lorsqu'elle constate une pollution radioactive.

Comme la pollution industrielle, la pollution domestique a beaucoup diminué. Des réseaux d'assainissement collectifs ont été généralisés dans toutes les communes. Certaines maisons qui ne peuvent être raccordées pour la gestion de leurs eaux usées disposent d'un système individuel. Environ 20 % de la population est concernée par ce type d'assainissement non collectif[33].

Pour les petites communes, les systèmes d'épuration n'ont pas forcément été faciles à organiser. Depuis la Révolution française, la gestion de l'eau et de l'assainissement est à la charge des communes. Une récente loi prévoit de transférer cette responsabilité aux communautés de communes *via* les établissements publics de coopération intercommunale.

Nous sommes allés rencontrer des élus de Pléven, village breton de 600 habitants, dans les Côtes-d'Armor. En 2013, ce village a fait le choix d'une station d'épuration par roseaux* plantés sur des filtres en sable. « Les déchets arrivent en haut de la station, explique Christian Guilbert, premier adjoint. Par gravitation, ils descendent vers différents bassins de roseaux. L'eau qui sort du dernier bassin et part dans la nature est filtrée et propre. La pollution organique alimente la pousse des plantes. Les roseaux sont broyés une fois par an. La mise en place n'a pas été simple. Certains voulaient installer des kilomètres de tuyaux pour envoyer les eaux usées vers une autre station. En cas de fuites, le risque de pollution était important. Financièrement, c'est assez cher : 450 000 euros, financés à 50 % par des subventions de l'agence de l'eau et 10 % par des aides de l'État. Pour une commune de 600 habitants, il n'est pas facile d'investir une somme si importante. À Pléven, il y a deux types d'assainissement : le collectif et le non-collectif. Nous demandons aux habitants de mettre des installations chez eux. Il faut donc montrer l'exemple. Nous sommes fiers d'avoir construit cette station d'épuration. Nous participons à rendre l'eau plus propre et à assainir l'environnement. »

▸ **Christian Guilbert**, premier adjoint à Pléven, ancien producteur de lait, est sensible à la question de l'eau, sujet délicat en Bretagne. Pour les petites communes, il n'est pas toujours simple de s'y retrouver dans les arcanes techniques et financiers du monde de l'eau. Cela exige une implication des élus, afin de ne pas laisser totalement la main aux entreprises.

Comme nous l'avons déjà mentionné, les stations d'épuration actuelles, quelles que soient les techniques utilisées, n'éliminent pas la globalité de la pollution chimique, loin de là. Certains pays, comme la Suisse, ont décidé de moderniser leurs stations d'épuration, afin qu'elles suppriment les micropolluants. Elles sont alors équipées des mêmes techniques que celles qui sont utilisées pour l'eau potable, telles que le charbon actif*, grâce auxquelles on rejette de l'eau potable dans la nature. Selon de nombreux spécialistes interrogés, il serait préférable d'arrêter d'utiliser ces micropolluants, au lieu de chercher à les supprimer dans les eaux usées. Non seulement les coûts sont énormes, mais il peut rester des traces. Quant au cocktail de toutes ces substances chimiques, il est mal évalué et très complexe.

Les pesticides restent la principale source de pollution par les micropolluants. Les médicaments participent également à ce mélange de produits chimiques. Nous en consommons beaucoup, notamment du fait d'une population vieillissante. Présents dans notre urine, les médicaments se retrouvent dans les stations d'épuration, dont l'efficacité est très variable selon les molécules.

L'ibuprofène, par exemple, y est détruit de 60 à 96 %, alors que la carbamazépine, médicament anticonvulsivant, est éliminée à moins de 10 à 30 %, et le clofibrate, utilisé pour diminuer le cholestérol, de 6 à 50 %[34]. Il a été démontré que les anti-inflammatoires non stéroïdiens provoquent un retard de croissance sur un petit crustacé planctonique. Ils peuvent aussi déclencher des problèmes de reproduction chez certaines espèces de poissons. Les rétinoïdes, des dérivés de la vitamine A, provoqueraient des malformations chez les grenouilles. Les antidépresseurs ont un impact sur le comportement reproducteur des mollusques et des écrevisses. Cette pollution médicamenteuse est encore mal évaluée et insuffisamment mesurée. Comme nous l'avons indiqué, ces mélanges chimiques commencent seulement à être étudiés.

Plusieurs personnes interrogées s'inquiètent d'une baisse de moyens financiers des agences de l'eau, alors que la pollution par les micropolluants est loin d'être supprimée. En 2018, le budget des agences de l'eau a été réduit de 20 %, alors que leurs missions se sont élargies à la biodiversité, y compris terrestre.

Nous l'avons dit, les agences de l'eau sont financées par les factures d'eau. Or l'État a décidé d'affecter une partie de ce revenu à d'autres budgets. Cette baisse a provoqué la fronde des élus locaux et du monde de l'eau. « Cette décision est totalement incompréhensible, déplore André Flajolet, vice-président de l'Association des maires de France. C'est l'abandon de la responsabilité du temps long par les politiques ! C'est l'abandon du politique au profit de Bercy. À court terme, nous allons supporter la baisse du budget au détriment de 20 000 emplois sur la France et de nos nouvelles missions en matière d'écologie et de biodiversité. Les agences de l'eau perdent plus de 400 millions d'euros par an au total. De notre point de vue, cela représente pratiquement un détournement de fonds. C'est dur, mais ce sont des redevances affectées à l'eau et l'argent part ailleurs. Nous passons du système "l'eau paie l'eau et ses milieux" à "l'eau sert à boucher une partie du déficit d'État". Nous étions d'accord pour prendre en charge les objectifs de biodiversité. Cependant, avec une baisse de 20 %, nous acceptons une dégradation du domaine patrimonial qui permet de distribuer l'eau potable et de traiter les eaux usées. Nous avons plus que besoin d'investir. L'âge moyen des canalisations est de 90 ans. Ce serait bien que le ministère de l'Écologie ne dépende pas de Bercy. Nous ne sommes pas une variable d'ajustement des excès de l'État. L'eau nécessite des politiques sur le long terme. L'atrazine a été interdite il y a quinze ans et il reste toujours des traces. »

▸ **André Flajolet**, vice-président de l'Association des maires de France, président du comité de bassin Artois-Picardie, est également administrateur de l'Agence française pour la biodiversité. Il est maire (Les Républicains) de la commune de Saint-Venant, dans le Pas-de-Calais. Engagé depuis plus de trente ans, il connaît très bien le monde de l'eau et ses rouages. Concernant la baisse de budget des agences et la défense de ce modèle français, des élus de tous bords politiques se retrouvent. « Le sujet de l'eau me passionne, raconte-t-il. À l'origine, je suis professeur de philosophie. Chaque choix politique n'est que l'expression ponctuelle du rapport de l'homme au monde et du rapport entre les hommes. Je suis paysan dans l'âme. Je considère depuis très longtemps que les paysans ont rompu le contrat d'unité avec la terre. C'est devenu une industrie agricole avec une raréfaction majeure de la paysannerie. »

Au sein des agences de l'eau, l'appréhension monte. « Les tuyaux de l'assainissement ne sont pas visibles. À cause des fuites, des eaux usées se déversent et ces eaux non traitées partent dans le milieu naturel, précise Olivier Brunner, de l'agence de l'eau Loire-Bretagne. Or cela embête tout le monde de faire ces travaux. Notre grande inquiétude est la suivante : qui va financer ces renouvellements ? D'autant plus que nous faisons face à une baisse de budget. »

▸ **Olivier Brunner**, chef de service aux collectivités et industries de l'agence de l'eau Loire-Bretagne, a d'abord travaillé comme ingénieur des pollutions industrielles à l'agence de l'eau Artois-Picardie. Passionné par son métier, il apprécie la thématique de l'eau car ce sujet est en même temps très technique, transversal et relationnel. « Les agences étaient auparavant centrées sur le petit cycle de l'eau*, précise-t-il. Elles investissaient dans les usines d'eau potable, dans le réseau d'assainissement et les stations d'épuration. Depuis quelques années, nous nous occupons de plus en plus du grand cycle de l'eau*. L'enjeu devient la biodiversité. Ce sont de nouveaux métiers pour nous. Hier, nous nous occupions des stations d'épuration.

Demain, nous pourrons mettre en place une action pour protéger les chauves-souris. Nous nous occupons de la biodiversité aquatique ainsi que terrestre. »

Nous avons posé à Nicolas Hulot, alors ministre de la Transition écologique, la question suivante : pourquoi cette baisse de budget, alors que les missions des agences de l'eau s'élargissent ? Voici sa réponse écrite : « On ne peut pas continuer à segmenter les écosystèmes terrestres, aquatiques et marins, il faut aller vers une approche plus globale d'adaptation au changement climatique. Le rapprochement entre politique de l'eau, biodiversité et mer représente une opportunité et une mise en cohérence de tous ces enjeux. La loi sur la biodiversité a ainsi élargi les missions des agences de l'eau à l'ensemble de la biodiversité terrestre et marine et a créé l'Agence française de la biodiversité. [...] Concernant le plafond des agences de l'eau et les ressources de leur 11e programme à venir, elles se situent entre le 9e et le 10e programmes, avec plus de 12,6 milliards d'euros sur six ans. Ce sont des moyens importants, qui doivent permettre d'agir pour une eau de meilleure qualité, accessible à tous, sur tous le territoire. »

▸ **Nicolas Hulot** a été ministre de la Transition écologique et solidaire dans le gouvernement d'Édouard Philippe, de mai 2017 à août 2018. L'entretien qu'il nous a accordé est l'un des seuls qui aient été réalisés par écrit dans le cadre de ce carnet. Lors d'interviews par écrit, il n'est pas possible de relancer ou de préciser un point.

Dans les pays développés, les stations d'épuration permettent donc de rejeter dans la nature une eau débarrassée d'une grande partie de la pollution domestique et industrielle. Reste la pollution de l'agriculture intensive. Dans de nombreux pays en développement, la problématique de l'assainissement n'a toujours pas été réglée. Ce manque d'infrastructures rend plus aléatoire encore la consommation d'une eau sans danger – nous y reviendrons. Cela peut aussi avoir un impact sur l'environnement. Quelque 4,5 milliards de personnes n'utilisent pas de services d'assainissement hygiéniques et 892 millions se livrent encore la défécation à l'air libre[35] ; 80 % des eaux usées à travers le monde sont rejetées sans traitement – plus de 95 % dans certains pays en développement[36] ! Les conséquences pour l'environnement sont alarmantes.

L'agriculture, grande consommatrice d'eau

Dans de nombreux pays, l'agriculture est la première source de pollution de l'eau. Elle est aussi le secteur le plus consommateur d'eau en France et dans le monde.

Il convient, pour bien comprendre, de distinguer la consommation du prélèvement. Une centrale nucléaire prélève une grande quantité d'eau, mais elle est restituée à 90 % à proximité du point de pompage[37], contrairement à l'agriculture qui en prélève moins mais qui en consomme beaucoup plus, car la plante absorbe toute l'eau.

Au niveau mondial, l'agriculture prélève 70 % de l'eau et en consomme 90 %. L'industrie en prélève 20 %, les ménages 10 %[38].

En France, 57 % de l'eau est prélevée pour l'énergie, notamment pour les centrales nucléaires. 18 % est à destination des usages domestiques, 15 % pour l'agriculture, 10 % pour l'industrie. Mais, en termes de consommation, la part de l'agriculture irriguée atteint 48 % et 79 % en été[39] !

Comprendre ces ordres de grandeur nous semble capital. La part de l'agriculture dans la consommation d'eau est primordiale. Dans le débat public, les problèmes liés par exemple aux industries extractives, grandes utilisatrices d'eau, sont souvent évoqués. Nous n'avons pas réussi à recueillir des données relatives à la consommation de ces seules industries, mais on sait qu'elle est localement excessive et qu'elle engendre d'ailleurs des conflits : 56 % des mines exploitées par les six principales sociétés[40] d'extraction sont situées dans des pays où le stress hydrique* est considéré comme un risque élevé. Néanmoins, à travers le monde, dans sa globalité, l'industrie consomme près de 15 fois moins d'eau que l'agriculture.

De même, l'extraction d'eau par les sociétés d'eaux minérales est souvent dénoncée. Localement, des conflits d'usages existent, comme à Vittel. Mais, en France, environ seulement 0,1 %[41] de l'eau souterraine est prélevée pour les eaux minérales.

L'eau à des fins agricoles ou domestiques n'est pas toujours prélevée au même endroit. En France, pour nos robinets, elle est prélevée à 62 % dans les eaux souterraines[42], alors que l'agriculture la prélève à 63 % dans les eaux de surface[43]. Dans certains endroits, des nappes profondes ont été asséchées à cause des usages domestiques et industriels. C'est le cas de celle de l'Éocène Adour-Garonne, dans le Sud-Ouest. Des risques de salinisation de l'eau ont même été redoutés car le niveau des nappes était inférieur à celui de la mer, d'où un risque pour la potabilisation de l'eau. Depuis, des plans de surveillance accrue ont été mis en place.

Il ne s'agit pas ici d'incriminer la seule agriculture. Toutefois, les ordres de grandeur n'ont rien de comparable. L'agriculture, notamment intensive, est de loin la principale consommatrice d'eau en France et dans le monde. Sur le territoire français, entre 1970 et 2000, la surface irriguée a triplé[44]. Depuis, elle se stabilise. Les données ne sont pas toujours très précises car les forages et les prélèvements individuels d'agriculteurs, de plus en plus nombreux, sont souvent mal contrôlés et mal répertoriés. Entre 2000 et 2010, les superficies exclusivement dotées d'une irrigation individuelle ont augmenté de 10 %[45].

« Au départ, l'irrigation était entièrement collective, souligne Dominique Rollin, chercheur à l'Institut national de recherche en sciences et technologies pour l'environnement et l'agriculture (Irstea). Les agriculteurs se retrouvaient autour d'un barrage dont ils employaient l'eau, *via* un canal, pour l'irrigation de surface ou gravitaire*. De ce fait, ils pouvaient se trouver contraints à n'utiliser l'eau qu'à tour de rôle. L'agriculteur dépendait du voisin d'en haut qui risquait de prélever trop d'eau. La technique des irrigations gravitaires, pratiquée dans le monde entier, implique l'instauration d'une gestion collective. Depuis quelques dizaines d'années, la possibilité de forer moins cher a favorisé l'accès individuel à l'eau. Mais c'est très difficile à contrôler! Dans le Roussillon, la tradition d'irrigation collective par les canaux était très forte. Aujourd'hui, les agriculteurs se sont habitués à l'irrigation individuelle, qu'ils trouvent plus pratique. Ils peuvent prendre de l'eau quand ils le souhaitent. Si bien que, chaque année, il y a maintenant des arrêtés sur la sécheresse.»

▸ **Dominique Rollin**, ingénieur agronome, est directeur adjoint d'une unité mixte de recherche à l'Irstea. Secrétaire général de l'Association française pour l'eau, l'irrigation et le drainage, il a trente-cinq ans d'expérience sur la thématique de l'eau, en Europe comme dans les pays tropicaux. Il a travaillé, entre autres, en Afrique du Sud, à Madagascar, au Rwanda et au Sénégal. «On parle beaucoup de projets de territoire, indique-t-il. Je suis convaincu que développer une agriculture productive qui préserve l'environnement est possible. Sur un territoire, il faut prendre en compte la ressource, les évolutions de la ressource et définir ensemble ce qu'il est possible de faire. La concertation est nécessaire. Il faut des méthodes pour la réaliser.»

«Dans aucun pays l'irrigation individuelle n'est contrôlée, ajoute Thierry Ruf, directeur de recherche à l'Institut de recherche pour le développement (IRD). L'ancien président du conseil général de l'Hérault disait, lors d'une réunion spécialisée sur la question de l'eau, que la moitié des forages était illicite dans ce département. »

▸ **Thierry Ruf** est directeur de recherche à l'IRD, détaché en tant que coordinateur scientifique du musée Mohammed-VI pour la civilisation de l'eau au Maroc. « Il y a des patrimoines hydrauliques remarquables et encore vivants au Maroc, rappelle-t-il. C'est le seul musée de l'eau au monde avec une approche fondée sur les sciences humaines. L'eau et les problématiques de l'eau, je ne les comprends que si je suis sur le terrain. Cela me permet de comprendre la géographie des réseaux et leur histoire, ainsi que le type de conflits qu'il peut y avoir, précise-t-il. La gestion de l'eau est toujours assez conflictuelle. À travers l'eau, toute la société humaine peut être étudiée. C'est une des raisons pour lesquelles ce sujet est aussi passionnant. »

L'association UFC-Que choisir a montré qu'en France les restrictions d'eau pendant l'été fleurissent sur les territoires où les surfaces agricoles sont les plus irriguées. En 2017, 84 départements ont connu des restrictions d'eau[46] et 37 ont déclaré des situations de crise. Sur les quinze dernières années, 16 départements ont dû prendre des arrêtés de restriction systématiques[47], quelles qu'aient été les conditions climatiques.

Certains accusent le changement climatique. Pour d'autres, il ne fait qu'aggraver des déséquilibres déjà existants.

Des choix agricoles sont à l'origine de l'assèchement de certaines régions. La culture du maïs, par exemple, représente 41 % des cultures irriguées[48]. Cette culture a besoin d'eau en juillet et août, au moment où les rivières et les nappes sont au plus bas. Ce maïs est ensuite donné aux animaux des élevages intensifs. En moyenne, la production d'un steak de bœuf provenant d'un élevage intensif a réclamé plus de 15 000 litres d'eau au kilo[49]. « La consommation d'eau en agriculture intensive est énorme, souligne François Veillerette. Elle entre en concurrence avec les besoins domestiques. Il y a des effets saisonniers. Le maïs consomme énormément d'eau. Le problème, c'est qu'il est devenu une culture incontournable. On ne sait plus faire sans. Du maïs pourrait être cultivé dans une logique de polyculture. »

Des prélèvements d'eau nécessitent forcément des constructions et autres aménagements. Depuis quelques années, les nouvelles installations de barrages et la construction de retenues d'eau ne cessent de provoquer des conflits, notamment entre agriculteurs et usagers. Étangs creusés pour l'irrigation, retenues pour l'hydroélectricité : en France, 31 % des masses d'eau de surface sont fortement modifiées ou artificielles[50]. En 2014, 76 800 obstacles à l'écoulement des cours d'eau ont été recensés[51]. De tels ouvrages ont toujours existé, mais au cours du XXe siècle leur nombre a considérablement augmenté. À la veille du XXIe siècle, les retenues de petite taille se sont également multipliées. Au début des années 2000, environ 125 000 ont été comptabilisées[52]. Le principal impact de ces retenues d'eau est de modifier la propagation du ruissellement et de réduire le débit des rivières. La pollution qui se retrouve dans l'eau stagne davantage et se dilue moins bien.

« Nous sommes capables de réaliser un barrage ou un ouvrage pour un usage, mais nous sommes incapables de vérifier la qualité de l'eau, déplore Bernard Rousseau. Une masse d'eau stagnante se défend moins bien que de l'eau courante. Des ouvrages sont construits sans contrôle des bassins versants, c'est-à-dire sans que soit contrôlée l'activité économique, dont l'agriculture et l'élevage. Pour que la faune se reproduise, il faut des eaux fraîches et oxygénées. Si vous mettez des barrages tous les 50 ou 100 mètres, vous aurez un impact. »

Nul n'a oublié l'affaire du barrage de Sivens. Ce projet de lac pour l'irrigation agricole fut abandonné en 2014, après la mort d'un manifestant. « À Sivens, de petits agriculteurs s'opposaient à des environnementalistes militants, analyse Thierry Ruf. C'était fou ! Ils auraient pu se comprendre. Des médiateurs manquent considérablement lors des conflits de l'eau. »

Aujourd'hui, d'autres projets de retenues d'eau cristallisent les mécontentements. Celui des bassines du Marais poitevin est révélateur de la situation actuelle. Objectif du projet : construire 19 bassines d'une capacité de plus 8 millions de mètres cubes d'eau, prélevés en hiver par les agriculteurs afin d'être utilisés en été. Or, détaille François-Marie Pellerin, de la Coordination de défense du Marais poitevin, « ces bassines ne sont pas remplies par la pluie, mais en pompant soit dans les nappes, soit dans les rivières dans les périodes de hautes eaux. Parler de cratères, plutôt que de bassines, serait toutefois plus approprié. Il s'agit de projets d'une dizaine d'hectares, très laids. Ces retenues sont isolées du milieu car nous l'avons demandé. La rivière n'est pas barrée, l'impact est donc moins important. [...] Pomper de l'eau en hiver n'est pas stupide en soi. Cependant, il faut faire attention : les marais et les rivières ont besoin de beaucoup d'eau, de crues pour se régénérer et dégager les sédiments. Les crues nettoient. Il faut bien évaluer les seuils de débit de rivières en dessous desquels il y a un impact sur ces milieux. En hiver, ces seuils sont bien moins connus. Par principe de précaution, il faut fixer des seuils assez hauts. Les rivières et les marais sont des zones très riches en biodiversité. La zone humide a une fonction très importante de grande lessiveuse. Elle a une capacité épuratoire des plus efficaces. »

▸ **François-Marie Pellerin** est ingénieur géologue de formation. Enseignant-chercheur en géologie à l'École des mines et à l'École des ponts et chaussées, il a également travaillé pour Elf avant de devenir consultant indépendant dans le domaine de l'eau, notamment pour des associations. Grand défenseur de l'eau, il propose aussi bénévolement son expertise. Dans la mouvance de la Fédération Nature Environnement (FNE), il a été président de la coordination de défense du Marais poitevin. Aujourd'hui vice-président de cette association, il est également membre du comité de bassin Loire-Bretagne et du Comité national de l'eau.

Les bassines sont une réponse plus complexe, plus chère et moins néfaste pour l'environnement que la construction d'un barrage. Utilisées avec toutes les conditions requises, elles peuvent rester sans incidence sur les marais, mais elles risquent d'être inutiles car, dans de telles conditions, elles pourraient être peu remplies. « Cette réponse est complexe et ce un peu à cause de nous, les associations, reconnaît François-Marie Pellerin [...]. Nous inventons des techniques toujours plus complexes et coûteuses pour maintenir ce système agricole. Afin que les bassines soient rentables, le risque est de se diriger vers une agriculture toujours plus intensive. On essaie de garder un système à tout prix. »

Ce projet est d'autant plus contesté qu'il est financé à 70 % par de l'argent public. Pour l'instant, il a obtenu tous les feux verts nécessaires à sa construction. Cependant, l'opposition ne faiblit pas. Selon le principal syndicat agricole, ces bassines seraient indispensables. « Nous prenons l'eau qui passe, affirme Éric Thirouin, de la FNSEA. Cela ne va pas assécher les zones humides. Globalement, il faut que l'on puisse augmenter la capacité de faire des réserves d'eau afin de pouvoir pallier les aléas climatiques et le réchauffement climatique. Par principe, certains s'opposent systématiquement. » Le réchauffement climatique sert de plus en plus souvent d'argument pour justifier des prélèvements plus importants, alors que, pour d'autres, c'est justement la preuve qu'il faudrait plutôt changer de modèle agricole.

Comme les algues vertes, conséquence des élevages intensifs, ces projets de bassines sont significatifs. Tous les acteurs se rendent bien compte qu'il y a un problème. Mais, au lieu de changer de modèle, ils sont à la recherche de solutions toujours plus complexes pour continuer d'irriguer du maïs nécessaire aux élevages intensifs. « [Dans la région Nouvelle-Aquitaine], les volumes consacrées à l'irrigation, présentés comme confidentiels, [...] s'élèvent à 800 millions de mètres cubes, soit un volume presque 2,5 fois plus élevé que celui qui est dévolu à la fourniture d'eau potable, qui reste quand même la priorité absolue, écrit Benoît Biteau, paysan agronome. Dans la même logique, l'eau mobilisée pour irriguer des productions agricoles en Nouvelle-Aquitaine représente la consommation annuelle en eau potable de presque 15 millions d'habitants, soit plus que la totalité des besoins des habitants de l'agglomération parisienne[53] ! »

▸ **Benoît Biteau** est paysan agronome. Ingénieur des techniques agricoles, il a travaillé dans le domaine de l'irrigation et s'est rendu compte de l'aberration du système. En 2007, il a repris l'exploitation de son père, producteur de maïs, pour la transformer en ferme d'élevage et de polyculture de 255 hectares (prairies, céréales, élevage, arbres). Grand défenseur d'un autre modèle agricole en coopération avec la nature, Benoît Biteau est également conseiller régional (Parti radical de gauche) de Nouvelle-Aquitaine, président du Conservatoire des espaces naturels de Poitou-Charentes et membre du comité du bassin Loire-Bretagne.

« Le gouvernement utilise le changement climatique pour tout accepter de la FNSEA, déplore Marc Laimé. À cause du changement climatique, des retenues d'eau sont autorisées un peu partout. Deux cents à trois cents dossiers de type barrage Sivens sont en cours. La FNSEA veut que ces projets soient financés par des fonds publics. Des tensions existent entre les agences de l'eau et la FNSEA. »

Les problèmes liés à l'irrigation ne sont bien sûr pas spécifiques à la France. Il ne faut d'ailleurs pas forcément associer irrigation et agriculture intensive. L'agriculture paysanne irrigue aussi dans d'autres proportions. Même lorsqu'on arrose son jardin, on irrigue. 16 % des terres cultivées dans le monde sont irriguées ; elles produisent 44 % de la production végétale[54]. Dans certains endroits, l'irrigation est indispensable pour manger. 40 % de l'eau consommée pour l'irrigation dans le monde provient des nappes souterraines[55].

Dans certains pays comme le Burkina Faso ou le Sénégal, il faut être particulièrement prudent lorsqu'on prélève de l'eau dans les nappes. Grâce à leur ensoleillement, ces terres ont un énorme potentiel. On peut alors surexploiter les nappes pour un temps, au risque de les vider entièrement, faute de contrôle. Surveiller l'irrigation individuelle et les forages constitue un obstacle au Nord comme au Sud. « En Inde, par exemple, l'eau obtenue par pompage est la norme, explique Dominique Rollin. La seule façon de pallier l'assèchement des nappes est de réguler par pompage électrique : quand l'électricité est coupée, le pompage s'arrête. Avec l'eau par pompage solaire, impossible de contrôler. Le risque d'une consommation excessive est donc réel. [...] En Libye ou dans le sud de l'Algérie, l'agriculture de certaines régions est fondée sur des nappes fossiles. Ces nappes fossiles peuvent être utiles pour l'usage humain. Des oasis artificielles ont été crééés. À terme, la désertification risque de s'aggraver. »

Autre technique décriée par plusieurs spécialistes : la généralisation de l'arrosage au goutte-à-goutte*, sans prise en compte des traditions et des savoirs locaux. « On a fait croire que la technification de l'agriculture par le goutte-à-goutte allait sauver la planète, prévient Thierry Ruf. L'eau souterraine est propre, alors que l'eau de surface est chargée de sédiments, ce qui pose un problème technique pour le goutte-à-goutte. Bernés par l'illusion d'économies d'eau, les agriculteurs ont donc été encouragés à investir et à réaliser des forages. On leur a affirmé : "Grâce à cette technique, vous allez économiser la moitié de l'eau." Ils cultivent donc deux fois plus de terrain. Par conséquent, cela n'économise pas d'eau. Au Maroc, la consommation d'eau de goutte-à-goutte à l'hectare est égale, voire supérieure à celle des systèmes traditionnels gravitaires. La surface cultivée a doublé sans économies d'eau. Une surexploitation à grande vitesse des nappes est en cours. Pourtant, certains préfèrent accuser le climat qui empêche la recharge. En laboratoire, le système du goutte-à-goutte montre qu'il permet d'utiliser moins d'eau; mais, sur le terrain, la qualité des matériaux n'est pas toujours aussi bonne que dans un laboratoire: les tuyaux vieillissent, les fuites sont plus nombreuses. Et les agriculteurs ont tendance à ajouter du temps d'arrosage. Enfin, avec le goutte-à-goutte, des zones qui n'étaient pas irriguées sont désormais cultivées, sans réaliser d'économies. »

« Au Maghreb, l'irrigation traditionnelle est l'irrigation de surface ou gravitaire, ajoute Dominique Rollin. L'eau court sur la surface du sol et est récoltée dans des bassines. Il faut conduire l'eau de bassine en bassine, ce qui demande beaucoup de travail. Pour l'agriculteur qui passe d'une irrigation de surface à une irrigation de goutte-à-goutte, c'est très différent: il n'a qu'à ouvrir le robinet. Cela lui demande mille fois moins de travail, il ne fait donc pas forcément attention. Avec l'irrigation gravitaire, il avait l'habitude de voir une certaine couche d'eau au-dessus du sol. Faire la même chose au goutte-à-goutte, c'est du gâchis! »

Dans de nombreux pays, les politiques de l'eau ont souvent incité à détruire ou ont rendu obsolètes des installations et des pratiques vieilles de plusieurs siècles, au profit de techniques uniques comme le goutte-à-goutte. Aujourd'hui, celui-ci est même perfectionné avec le goutte-à-goutte enterré. Ces techniques peuvent être utiles et efficaces. Elles empêchent par exemple l'évaporation, mais elles ont aussi leurs inconvénients. Par exemple, il y a des risques d'encrassement.

Lorsqu'on travaille le sol, on peut abîmer les goutteurs enterrés. Ces techniques sont très coûteuses et permettent de multiplier des cultures qui ne sont pas appropriées à un territoire. Résultat : au Maroc, par exemple, pays dont l'objectif est de multiplier les exportations de tomates et autres productions vers l'Union européenne, 90 % des demandes en eau concernent l'irrigation[56]. Dans ce pays, il existe un déficit hydrique* d'environ 4 000 millions de mètres cubes[57]. Les conséquences de cette surexploitation sont nombreuses : tarissement des sources, assèchement des lacs naturels et dégradation irréversible des écosystèmes oasiens. 95 % du pays est menacé par la désertification[58].

« De mon point de vue, il faut retrouver une cohésion du territoire et de la société au niveau local, assure Thierry Ruf. Elle ne se décrétera pas d'en haut. C'est ce que j'essaie de réaliser avec mes travaux au Maroc. Il faut recréer un contrat social en fonction des eaux disponibles sur le territoire, avec une redistribution et une justice de l'eau. Sinon, nous irons vers des faillites d'entreprises, des appauvrissements, des migrations. Nous n'avons aucun intérêt à encourager l'investissement vers le goutte-à-goutte pour résoudre tous les problèmes. »

Va-t-on vraiment manquer d'eau ?

Les données alarmantes sur le manque d'eau se multiplient. Pas un jour sans un article de presse ou une nouvelle étude annonçant un assèchement possible des nappes phréatiques en France en 2050, un manque d'eau beaucoup plus imminent en Afrique du Sud, une sécheresse qui gagne du terrain en Israël, une pénurie d'eau en Iran, des incendies en Californie à cause de l'assèchement.

L'Onu estime que, d'ici à 2025, entre la moitié et les deux tiers de la population mondiale vivront dans des régions soumises au stress hydrique. En 2050, selon l'Organisation de coopération et de développement économiques (OCDE), 3,9 milliards de personnes, soit plus de 40 % de la population mondiale, vivront sans doute dans des zones soumises à un stress hydrique élevé.

Le réchauffement climatique est un bouc émissaire bien commode. « Cela arrange tout le monde d'affirmer que les problèmes viennent d'ailleurs, souligne Thierry Ruf. Je ne nie pas le réchauffement climatique. Néanmoins, les politiques l'utilisent comme levier d'alerte catastrophique pour servir des intérêts privés sur l'eau et pour créer des marchés de l'eau en sortant cette problématique de la sphère publique ou communautaire. »

La plupart des spécialistes que nous avons interrogés s'entendent sur le fait que montrer du doigt le changement climatique est une façon de ne pas remettre en cause notre consommation en eau. Nous continuons de rechercher de nouvelles ressources en eau sans diminuer notre demande. Les prévisions de pénurie sont établies par rapport à la consommation actuelle, qui est sans cesse en progression. À l'échelle de la planète, au cours du XXe siècle, le prélèvement d'eau a augmenté

1,7[59] fois plus vite que la population. Un kilo de viande de bœuf élevé de manière intensive demande six fois plus d'eau qu'un kilo de riz. L'augmentation de la consommation de viande a donc un impact sur les ressources en eau.

Diminuer notre consommation de viande est essentiel, mais il convient aussi d'être vigilant quant à l'origine de la viande. Les animaux élevés de façon intensive sont nourris de céréales consommant beaucoup d'eau, contrairement à d'autres viandes issues d'élevages plus traditionnels ou biologiques. « Je comprends les acteurs qui perçoivent un problème sur la façon dont le changement climatique entre dans le débat, reconnaît Sara Fernandez, chercheuse à l'Irstea. Le changement climatique justifie de nouveau le besoin d'ouvrages hydrauliques. Dans le domaine de l'eau, il y a toujours la tentative d'en faire une problématique globale, alors que les affaires d'eau sont très locales. Il n'existe pas de grand barrage qui stocke des millions de mètres cubes. Calculer les ressources en eau de la planète est une vue de l'esprit. »

▸ **Sara Fernandez**, chercheuse à l'Irstea, coordonne l'unité d'enseignement et gestion territoriale de l'eau et des risques à l'École nationale du génie de l'eau et de l'environnement de Strasbourg. Ingénieur agronome des eaux et forêts, elle a aussi travaillé au programme de l'irrigation de l'Onu pour l'alimentation et l'agriculture. Ses thématiques de recherche sont l'étude des relations entre savoirs, techniques et gestion de l'eau, ou encore l'adaptation au changement climatique.

La notion d'« eau virtuelle » qui permet, par exemple, de calculer que la production d'un kilo de viande de bœuf réclame 15 000 litres d'eau est critiquée par certains spécialistes. L'eau virtuelle mesure l'eau nécessaire pour produire un aliment ou tout autre objet. Ce concept donne des ordres de grandeur parfois utiles. Cependant, les calculs sont parfois remis en cause : la source de l'eau n'est pas prise en compte et l'eau n'est pas considérée comme un flux... L'eau virtuelle peut également légitimer l'intensification du commerce international : les pays semi-arides ont intérêt à importer des aliments nécessitant beaucoup d'eau. En réalité, l'eau est un problème avant tout local, qui dépend du modèle agricole et des cultures choisies.

Selon plusieurs chercheurs, résumer ce flux à des calculs mathématiques semble trop simpliste. « De nombreuses interactions sociales existent avec l'eau, explique Julie Trottier, spécialiste de ces questions, notamment en Israël et en Palestine. Prenons l'exemple de la mauve – la *khubbezeh*, en arabe[60]. Cette “mauvaise herbe” est très nourrissante. Si vous n'avez aucun revenu, vous irez la cueillir gratuitement. Personne n'a le droit de refuser que vous la cueilliez sur son champ. Certains agriculteurs omettent de réparer certaines fuites car cette eau permet à la *khubbezeh* de pousser et d'assurer la sécurité alimentaire des pauvres. Or le concept d'eau virtuelle, sur lequel reposent des politiques d'irrigation, ne prend pas cette donnée en compte. Si ces agriculteurs insérés dans le village sont remplacés par des agriculteurs sous contrat avec des investisseurs étrangers, cela change tout. Les fuites sont jugulées, le système devient plus efficace, mais pas de façon globale. Je le répète : l'eau est un flux. Il faut la regarder dans toutes ses trajectoires. »

▸ **Julie Trottier** a une double formation en chimie et en sciences politiques. Directrice de recherche au CNRS à l'unité mixte Acteurs, ressources et territoires en développement de Montpellier, elle est une spécialiste des problématiques de l'eau, en particulier en Israël et Palestine. Elle a travaillé à Jérusalem de 2012 à 2018. « Je croyais initialement que l'eau provoquait avant tout des problèmes techniques, raconte-t-elle. En fait, elle engendre surtout des problèmes sociaux, politiques et économiques. Ma formation en chimie m'autorise à parler avec des ingénieurs et celle en sciences politiques me permet de comprendre les autres aspects de cette thématique. »

L'exemple très médiatisé de la ville du Cap, en Afrique du Sud, est révélateur. En 2018, on y a plusieurs fois redouté le « jour zéro » d'une coupure d'eau totale. Le changement climatique a été désigné comme l'une des principales causes de ce désastre. Or la réalité est un peu plus complexe. Le changement climatique est révélateur de dysfonctionnements et de déséquilibres. Les autorités locales ont tardé à réagir et à mettre en place des mesures de restriction pour l'usage de la vie quotidienne. « Au Cap, la situation est différente de celle de Johannesburg, expose Liza

Fabbian, journaliste en Afrique du Sud. Le Cap, c'est San Francisco posé en Afrique. C'est une ville d'anglophones blancs, ultra-privilégiés, qui tout à coup se sont trouvés confrontés à une problématique très africaine, très spécifique de leur région. Ils pensaient qu'ils seraient toujours privilégiés car, au Cap, les habitants vivent un peu dans une bulle à l'échelle de l'Afrique du Sud. Il ne faut pas les pousser longtemps pour les entendre affirmer : "On n'est pas vraiment en Afrique", alors qu'à côté de chez eux, à 10 kilomètres, il y a un bidonville énorme, l'un des plus grands d'Afrique du Sud. Or les townships, eux, ne sont pas touchés. Les habitants des bidonvilles ne consomment que 5 % du volume d'eau consommé par la ville, alors qu'ils sont beaucoup plus nombreux. Les recommandations minimales de l'Onu sont de 20 litres par jour et par personne. Au Cap, depuis le 1er février 2018, la restriction est de 50 litres par jour et par personne [l'équivalent d'une douche quotidienne de 3 minutes] : c'est largement au-dessus des recommandations minimales de l'Onu et de la consommation des habitants des townships. Pour les personnes qui ont vécu au Cap toute leur vie, je comprends que cela puisse être dur. Ces mesures de restriction, quand on n'en a pas l'habitude, ce n'est pas facile. Toutefois, lorsqu'on évalue ces restrictions à l'échelle du pays, les habitants du Cap restent très privilégiés. Pour maintenir ce mode de vie, des solutions toujours plus chères et compliquées sont explorées, tout cela pour remplir des piscines pour touristes. »

▸ **Liza Fabbian**, journaliste à Johannesburg en Afrique du Sud depuis 2013, est correspondante de plusieurs médias français tels que RFI, Radio France ou *Les Échos*. Elle a réalisé des reportages sur les problématiques de l'eau en Afrique du Sud et plus particulièrement sur le rapport des privilégiés à l'eau face aux restrictions.

Dans le cas de l'Afrique du Sud, un autre point est rarement abordé : l'agriculture. Dans ce pays, l'irrigation prélève 64 % des ressources en eau[61]. Or, « aucune remise en cause de l'agriculture n'a été effectuée, souligne Magalie Bourblanc, chercheuse en Afrique du Sud. On parle beaucoup de la consommation d'eau des touristes, mais on n'évoque jamais celle des nombreuses exploitations agricoles, autour du Cap, qui cultivent des fruits, des agrumes et des vignes. Alors qu'il faut faire des choix, personne ne s'est encore posé ces questions-là. Les autorités doivent y réfléchir car on a frôlé la catastrophe. »

Dans cette région, le problème n'est pas lié au choix des cultures, mais plutôt au modèle agricole préconisé, l'agriculture intensive, ainsi qu'à sa finalité, la part de production destinée à l'exportation étant trop importante. Entre 2012 et 2016, les cultures à l'export ont augmenté de 18 %[62], et 50 % de la production de fruits frais est destiné à l'exportation[63]. Cette part grimpe à 85 % pour les fruits secs[64].

▸ **Magalie Bourblanc** est chercheuse au Centre de coopération internationale en recherche agronomique pour le développement (Cirad). Depuis 2010, elle travaille à l'Université de Pretoria, en Afrique du Sud. Ses recherches portent notamment sur l'analyse des politiques publiques des problèmes de l'eau et des terres en Afrique australe, sur l'écologie politique et sur la gouvernance de l'eau.

Certains prennent donc prétexte du réchauffement climatique pour ne rien changer. Pourtant, les conséquences sont graves. « La Syrie, par exemple, est un crève-cœur énorme. Le problème a commencé quand il y a eu un manque d'eau, rappelle Mohamed Larbi Bouguerra, chimiste et spécialiste reconnu des problématiques liées l'eau. Depuis plusieurs années, la Syrie subissait une sécheresse absolument inédite. Résultat : un très grand nombre d'agriculteurs qui ne pouvaient plus faire d'élevage et produire de coton se sont repliés sur les villes, d'où l'apparition de bidonvilles. C'est cette population qui s'est soulevée contre Hafez el-Assad, puis Bachar el-Assad. À l'origine des problèmes de la Syrie, il y a eu également un barrage mal entretenu qui a cédé. Cet accident a tué environ 300 personnes. »

▸ **Mohamed Larbi Bouguerra** est maître de conférences honoraire d'hématologie à la faculté de médecine de Tunis et à la faculté de pharmacie d'Amiens. Cet ancien chercheur associé au CNRS a écrit de nombreux ouvrages sur l'eau. « C'est un problème que je connais depuis l'enfance, se souvient-il. Dans la maison où je suis né, il n'y avait pas d'adduction à l'eau potable. Mon père s'était arrangé pour réaliser une citerne et récupérer l'eau de pluie. »

Lorsqu'on évoque les pénuries d'eau, il n'est pas rare qu'une voix s'élève pour brandir la menace d'une multiplication des guerres de l'eau. Cette expression recouvre plusieurs significations. En Bolivie, on nomme « guerre de l'eau » les mouvements citoyens de 2000 contre la privatisation de la gestion de l'eau (nous y reviendrons en troisième partie, p. 125). Dans les autres cas, cette expression désigne des conflits entre États.

Pourtant, l'eau est plus souvent un révélateur de tensions qu'une cause directe de conflits armés. Elle peut également servir de moyen de pression. Elle est souvent le reflet de situations régionales complexes, comme c'est le cas entre Israël et la Palestine. « L'eau n'est pas la cause du conflit entre Palestiniens et Israéliens, rappelle Julie Trottier. Par exemple, il suffit de parler avec les ingénieurs pour apprendre qu'il n'existe pas de grand barrage à la frontière israélo-palestinienne. Par conséquent, le risque parfois invoqué d'inondation de Gaza ne repose sur rien. Mais il est vrai que des vannes de stations d'épuration sont ouvertes en cas de débordement. Comme les gens veulent des ennemis désignés, les Palestiniens accusent Israël, lequel accuse l'Autorité palestinienne de ne pas vouloir gérer l'eau. En réalité, il y a une foule d'acteurs : des entreprises privées, des paysans... C'est se fourvoyer complètement de penser en termes binaires, “Israël et Palestine”. [...] À Jérusalem, il y a une ligne de crête, un endroit où je peux me tenir les bras écartés : les gouttes de pluie qui tombent sur l'une des mains ruissellent vers la mer Morte ; sur l'autre main, vers la Méditerranée. Ces aquifères* sont très complexes. Personne ne peut vraiment les modéliser. Les accords d'Oslo [qui prévoyaient notamment, en 1993, la répartition de l'eau] reposent sur une comptabilité frauduleuse : la même goutte d'eau est comptée plusieurs fois. »

Il ne s'agit pas ici de décrire la complexité des règles de partage des eaux entre Israël et la Palestine[65]. À titre d'exemple, signalons simplement que les Palestiniens doivent demander l'autorisation de construire des infrastructures telles qu'un puits ou une station d'épuration, qu'ils sont soumis à des quotas de prélèvement et que l'Autorité palestinienne peut distribuer l'eau domestique, mais pas agricole...

Au-delà de la situation particulière de cette région, on retrouve, comme dans nombre d'autres pays, la volonté d'imposer un mode de gestion sans prendre en compte les savoirs locaux et les territoires. Dans ces régions sèches, il est problématique d'imposer un modèle agricole et une façon de vivre à l'occidentale – pelouses vertes, agriculture intensive et eau potable au robinet –, au détriment de citernes creusées dans le roc pour récupérer l'eau des toits, traditionnelles en Palestine et plus écologiques.

« Les accords d'Oslo ont voulu projeter sur la Palestine une manière très centralisée, très pyramidale de gérer l'eau, déplore Julie Trottier. La loi de l'eau palestinienne a été écrite par des étrangers qui n'avaient aucune idée de la gestion et des traditions locales. En Cisjordanie, l'agriculture est essentiellement pluviale : pourquoi ne pas choisir ce type d'agriculture, au lieu d'encourager l'irrigation ? Depuis 2006, dans la vallée du Jourdain, des palmiers-dattiers sont plantés de façon exponentielle. Certes, ils consomment moins d'eau que les bananiers, mais c'est un véritable raz-de-marée, un peu comme le maïs dans le Sud-Ouest en France. En apportant l'irrigation, on crée une demande. Certains ne cessent de réclamer de l'eau pour leurs palmiers-dattiers, mais il aurait fallu y penser avant de les planter. Il faut distinguer la demande du besoin. L'offre et la demande sont des concepts économiques. J'ai besoin de boire 1,5 litre d'eau par jour, mais je n'ai pas besoin d'eau potable dans mes toilettes. »

Résultat : en Israël, en Afrique du Sud et dans de nombreux pays, pour combler cette demande en constante hausse, un nouveau marché accaparé par des entreprises privées fleurit : le dessalement de l'eau de mer. Une solution miracle, aux dires de beaucoup. « J'ai beaucoup milité contre le dessalement en Tunisie, raconte Mohamed Larbi Bouguerra. Sans grand succès, hélas, à cause des pots-de-vin. J'entends très souvent dire : “Le réchauffement climatique est à l'origine de la sécheresse. Donc, dessalons.” Or, quand vous dessalez, vous participez au réchauffement. Une unité de dessalement est très gourmande en électricité, même si des progrès ont été réalisés. Autre problème : que faire des résidus ? Vous allez produire une quantité importante de sels. Ces résidus sont une bombe à retardement, car ils peuvent notamment contenir des métaux lourds. »

Dans le cycle de l'eau, la mer génère naturellement de l'eau de pluie, mais les quantités de sel n'ont rien de comparable avec celles des unités de dessalement. Les résidus sont beaucoup moins concentrés. « On refait avec la mer la même erreur qu'avec les ressources en eau douce, alerte Julie Trottier. Il y a beaucoup d'eau dans la mer, mais elle n'est pas infinie. Le problème, c'est la saumure rejetée. De petites mers mortes risquent de se former le long des côtes, du fait de l'accumulation de saumure. Je suis farouchement hostile au dessalement de l'eau de mer. Cela signifie que la consommation n'est pas durable et que nous refusons d'en changer. On réfléchit en termes de gestion de l'offre : plus nous aurons d'eau, plus nous en utiliserons. En Israël, les pelouses sont irriguées par les eaux usées traitées, alors qu'elles pourraient servir à l'agriculture. Il n'y aura pas assez d'eau. Il faut gérer nos pratiques. D'excellentes initiatives peuvent être mises en avant, telles que la réhabilitation des citernes de collecte d'eau de pluie en Palestine ou la construction de toutes petites stations épuration. Mais certains préfèrent braquer les projecteurs sur les grands bailleurs de fonds, alors que de nombreuses initiatives civiles existent. »

Les unités de dessalement sont souvent gérées et encouragées par les multinationales de l'eau. La perspective de possibles pénuries continue d'attiser de nombreux appétits économiques. L'eau, ressource vitale, n'y échappe pas. Des marchés de l'eau ont même été développés dans quelques pays tels que les États-Unis, l'Espagne, le Chili. En Californie, les agriculteurs ont des droits d'eau qu'ils peuvent revendre. Les Australiens ont été encore un peu plus loin : ils ont conçu des titres financiers indexés sur ces droits d'eau, des titres échangés sur les marchés financiers qui sont même conseillés aux retraités.

Au lieu de rechercher sans cesse de nouvelles ressources en eau, certains acteurs de la société civile plaident pour une remise en cause de la consommation, notamment la plus importante : la consommation agricole. Les défenseurs des modèles actuels arguent le fait qu'elle est indispensable pour nous nourrir. Cependant, un autre modèle agricole, bien moins gourmand en eau, existe : l'agroécologie*.

L'agroécologie, une solution à l'épreuve des faits

Benoît Biteau a repris l'exploitation de son père à Sablonceaux, près de Royan, en 2007. Comme de nombreux agriculteurs du Sud-Ouest, son père cultivait du maïs irrigué. Ce paysan agronome a décidé de transformer l'exploitation paternelle en ferme. Il a choisi la polyculture et cultive un peu de maïs, ainsi que de nombreuses céréales et autres légumineuses. Il élève aussi des animaux. Aujourd'hui, ce paysan n'irrigue plus. Sur sa ferme de 255 hectares, il se contente de l'eau pluviale. Résultat : il économise 300 000 mètres cubes d'eau par rapport à son père, soit la consommation annuelle d'une ville de 5 500 à 7 000 habitants ! Il produit avec des rendements proches de ceux de l'agriculture intensive sans polluer l'eau. Sa ferme est bio : il cultive sans pesticides de synthèse ni engrais chimiques.

« Dans une région comme le Poitou-Charentes, pour irriguer, on accepte que 3 000 kilomètres de cours d'eau soient à sec, déplore Benoît Biteau. Dans notre commune, le petit cours d'eau est resté à sec de mai 2016 à janvier 2018. Or il participe à la dilution de la salinité de la Seudre, zone soumise au balancement des marées en aval, ce qui permet de continuer la production ostréicole. Mais on accepte 80 à 90 % de pertes sur les huîtres d'Oléron, une production authentique identitaire de notre territoire. »

Sur la ferme de Benoît Biteau, le paysage a totalement changé par rapport à l'exploitation de son père. Ses rotations de culture s'étalent sur dix-huit ans. Ce paysan mise sur l'agroforesterie et cultive entre les arbres. « C'est fondamental, souligne-t-il. L'arbre permet de connecter l'eau de surface aux nappes phréatiques. Il a un rôle épurateur. Quand l'eau est en abondance, comme en ce moment, des arbres tous les 28 mètres constituent un obstacle au ruissellement. Quand l'eau a circulé dans le système racinaire des arbres, elle est d'une pureté remarquable. Et lorsqu'elle est plus rare, le même système racinaire, connecté à la nappe phréatique, remonte l'eau et la rend disponible pour les cultures intercalées entre les arbres. En schématisant, je peux dire que je cultive des bandes qui reposent sur le système racinaire des arbres. » Le sol est également enrichi en compost, de sorte que les terres, plus riches en matières organiques, stockent l'eau utile pour les plantes.

Autre facteur essentiel : le choix des semences[66]. Benoît Biteau les veut locales, rustiques, adaptées aux sols et non industrielles. Enfin, contrairement aux élevages intensifs, ses bovins, ses chèvres et ses moutons se nourrissent… d'herbe. « Ainsi, je peux destiner les autres cultures à l'alimentation humaine. Contrairement au maïs qui sert à nourrir les animaux enfermés dans des bâtiments, les prairies servent à l'alimentation des herbivores et deviennent des zones de stockage et d'épuration de l'eau. Ce faisant, je séquestre le carbone et j'atténue le changement climatique. À la FNSEA, ils disent : "C'est tellement différent qu'il faut nous laisser le temps d'expérimenter." Quant à ceux qui font de la bio par opportunisme, ils se contentent d'arrêter les pesticides et les engrais et ils se disent que tout va bien. Mais ça ne va pas ! Il faut changer de logiciel, il faut un nouveau système d'exploitation. Réussir en agriculture biologique sans développer des techniques agroécologiques abouties est illusoire. »

Pour autant, ce n'est pas simple tous les jours. Benoît Biteau rencontre des difficultés pour recevoir ses aides, au point de mettre sa ferme en péril. Les politiques publiques jouent ici un rôle crucial. Elles ont encouragé et continuent de subventionner la culture de maïs irrigué, qui reçoit plus d'aides de la Pac que les autres productions céréalières.

Selon plusieurs associations interrogées, rien n'est proposé afin d'encourager les agriculteurs à changer de système. « Quand nous, usagers, payons l'eau, le tarif varie de 3 à 4 euros le mètre cube, indique Dominique Rollin. Un agriculteur, lui, paie entre 3 et 30 centimes le mètre cube. Certes, ils n'ont pas le même service, mais tout de même, le rapport est d'un à cent ! Lorsqu'il est envisagé d'augmenter les prix de 3 à 10 centimes, les agriculteurs râlent, alors que l'eau ne représente pas grand-chose. On pourrait très bien orienter les politiques agricoles vers moins d'irrigation. »

« Les consommateurs ont déjà commencé à agir en achetant plus massivement des produits bio, précise Olivier Andrault, d'UFC-Que choisir. Il n'est pas surprenant que les produits d'agriculture intensive soient moins chers que les produits bio car, en fin de compte, le coût environnemental n'est pas compris dans leur bilan. » L'impact positif du bio sur les sols est connu, mais ses conséquences sur l'eau sont souvent oubliées. Or nos choix de consommation peuvent influer considérablement sur la qualité de l'eau. Pour peu que l'on prenne en compte les coûts de l'agriculture intensive pour la société – notamment celui de la dépollution de l'eau potable, point que nous traiterons en troisième partie –, les tarifs des produits biologiques ne sont en réalité pas plus élevés.

En France, 6,6 % des surfaces sont cultivées selon le mode biologique[67]. Compte tenu des effets très positifs que nous venons de souligner, une question vient à l'esprit : pourquoi n'y a-t-il pas plus de terres en agriculture biologique ? Nous avons posé la question à Nicolas Hulot, alors ministre de la Transition écologique. Voici sa réponse : « La transition passera par un changement de paradigme global, avec en tête l'idée de repenser nos modes de production et de consommation. Pour mener une métamorphose structurelle du problème de pollution de nos rivières, nous devons l'envisager avec méthode et dans sa globalité. Il n'y a malheureusement pas de solution miracle, mais une bonne volonté de toutes parts sur laquelle il faut s'appuyer. De nombreuses mesures sont à cet égard nécessaires et nous y travaillons de concert avec Stéphane Travert, le ministre de l'Agriculture et de l'alimentation. Plusieurs politiques publiques sont actuellement en réflexion, à l'image des états généraux de l'alimentation qui font l'objet d'un projet de loi, de la réforme à venir de la Pac, ou bien de la feuille de route visant la réduction des pesticides. »

Nous avons posé la même question à la FNSEA. Éric Thirouin nous a répondu : « Ce qui m'intéresse, c'est de travailler à des solutions alternatives. Pierre Rabhi a proposé des solutions. Il y en a d'autres. Des efforts importants ont été réalisés afin de réduire l'utilisation des phytosanitaires. Nous voulons continuer en ce sens et même accélérer. Nous souhaitons trouver des alternatives. La FNSEA veut développer le bio. Cependant, si 100 % de l'agriculture passe au bio, le prix du bio sera ramené aux prix du conventionnel. Le bio au prix du conventionnel, je suis désolé, mais on ne peut pas en vivre. »

Voilà pourquoi il importe de diversifier les lieux de vente de produits bio, afin que les agriculteurs ne dépendent pas uniquement de la grande distribution. Dans le cas contraire, le risque existe en effet de nous retrouver dans quelques années face à la même problématique : des agriculteurs qui ne peuvent pas vivre de leur production.

Selon Benoît Biteau, un autre facteur empêche le développement du bio : le frein psychologique. « Je m'en suis aperçu lorsque mon père et moi avons confronté nos visions de l'agriculture. Il a commencé par se dire que j'avais peut-être raison, mais, très vite, il s'est repris. Reconnaître qu'il s'est trompé pendant cinquante ans serait extrêmement violent. Les agriculteurs qui ont des pratiques intensives se rassurent en se laissant convaincre par la communication bien rodée des fournisseurs de semences, d'engrais et de pesticides, qui ont intérêt à faire perdurer le système et qui jouent de cet état d'esprit. »

Tous les militants environnementaux et les associations que nous avons interviewés ont tenu à préciser qu'ils n'accusaient pas les agriculteurs, mais la politique menée par l'État depuis la fin de la Seconde Guerre mondiale, qui a abouti au développement de l'agriculture intensive et à son corollaire, la pollution.

Dans les pays du Sud, notamment dans les zones semi-arides comme le Sahel, l'agroécologie est encore plus indispensable et ses résultats encore plus probants[68]. Les pratiques agroécologiques permettent d'y multiplier de 5 à 10 fois[69] la capacité de rétention d'eau des sols. Les techniques et les pratiques varient selon les territoires. Une des solutions consiste à boiser les hauteurs. Des diguettes et des terrasses cultivées sont également installées pour lutter contre l'érosion et la dégradation des sols. Ces aménagements permettent de retenir l'eau lors des rares pluies. Grâce aux arbres, aux diguettes et au compost, l'eau est retenue dans le sol et s'infiltre. Les nappes phréatiques peuvent ainsi être rechargées. Les arbres aussi sont très utiles. Ils protègent les sols contre l'excès de chaleur. Grâce à leurs racines, ils absorbent l'eau. Ils transpirent ensuite et favorisent l'humidité du milieu.

« Le reboisement est déterminant, confirme Pierre-François Pret, consultant indépendant. Dans les zones reboisées, la rétention d'eau est meilleure, grâce au système racinaire des arbres. L'eau captée n'est pas forcément utilisée par les arbres. Ils brisent le vent, limitent l'érosion et créent un microclimat favorable à la production agricole. Cependant, il est difficile de les implanter. Les arbres, au départ, réclament beaucoup d'eau. L'utilisation du compost est aussi intéressante. Véritable éponge, celui-ci permet de garder l'humidité dans le sol. Dans les oasis, les palmiers-dattiers réduisent l'évapotranspiration des cultures installées sous les palmiers. Couvrir le sol autant que possible est une des solutions à mettre en place pour réduire les besoins en eau. Le type de semences choisies joue également sur la consommation d'eau, mais les paysans n'ont pas toujours accès aux semences souhaitées. L'utilisation de l'eau peut ainsi être optimisée. Cette optimisation demande un travail dans la durée et un travail d'aménagement de la parcelle. »

▸ **Pierre-François Pret**, consultant indépendant, a une formation d'ingénieur en agriculture. Son travail avec de nombreuses ONG et organismes internationaux au Mali, au Burkina Faso, au Tchad et au Niger lui a permis d'acquérir une grande connaissance du terrain. Avant de se consacrer au pôle international, il a dirigé Terre et Humanisme, une association créée par Pierre Rabhi en 1994, présente dans une dizaine de pays à travers le monde. Son but : former les paysans aux techniques de l'agroécologie et les rendre autonomes. Pierre-François Pret participe actuellement à la réalisation d'un nouveau projet cher à Pierre Rabhi : un village à écologie intégrale en Mauritanie.

Ce spécialiste le reconnaît : dans ces régions semi-arides, la gestion de l'eau est un problème parmi les plus complexes, d'autant qu'à certains endroits, à cause d'une irrigation excessive et de l'utilisation massive d'engrais chimiques, des sols sont devenus salés. Dans ces zones, plus que dans n'importe quelle autre région, cette consommation agricole entre en concurrence avec la consommation d'eau quotidienne des habitants, nécessaire à leur survie. Quelque 2,1 milliards de personnes[70], soit 30 % de la population mondiale, n'ont toujours pas accès à une eau buvable sans risque de tomber malades.

Après s'être débarrassés de cette pollution microbienne de l'eau, responsable de graves maladies, les pays développés pensaient être à l'abri. C'était oublier la pollution chimique. Il n'est pas simple de s'y retrouver au sein de cette gestion d'une eau potable, buvable, une eau de boisson, normée et parfois traitée par les multinationales.

TROISIÈME PARTIE

L'eau que nous buvons et sa complexe gestion

Goupana est un village de 1 800 habitants, à 25 kilomètres d'Ouagadougou, capitale du Burkina Faso. Pour boire de l'eau, les habitants doivent se rendre à un forage situé à 5 kilomètres, soit 10 kilomètres aller-retour ! Par tradition, ce sont les femmes qui vont chercher l'eau, à pied, à vélo, ou parfois à dos d'âne traînant une charrette. « Il faut se lever très tôt, vers 4 heures du matin. Je reviens vers 13 heures », témoigne Zenabou Taonsa, mère de cinq enfants.

▸ **Zenabou Taonsa**, 30 ans, est née à Goupana. Dans ce village, on vit essentiellement de l'agriculture. Tous les jours, les habitants mangent du *tô*, une sorte de polenta à base de mil. Les femmes du village vont chercher de l'eau ensemble. Une quarantaine de familles puisent dans le forage. Le débit peut donc être faible. Pour ce carnet, les témoignages d'habitants de ce village ont été recueillis par la journaliste Fanny Noaro-Kabré, correspondante au Burkina Faso de plusieurs médias français tels que Radio France ou TV5 Monde.

« Il arrive souvent que le forage, distant de 5 kilomètres, ne fonctionne pas. Dans ce cas, il faut aller encore plus loin, à 10 kilomètres. L'eau est la priorité de mon cœur », ajoute Awa Ouedraogo, mère de six enfants.

▸ **Awa Ouedraogo** a 50 ans. « Nous nous aidons fréquemment entre femmes. Nous nous donnons de l'eau », confie-t-elle. La gestion de l'eau a toujours été compliquée dans le village de Goupana, mais ces dernières années, à cause du réchauffement climatique, la situation a empiré par manque de pluie. La Constitution du Burkina Faso, contrairement à la France, reconnaît l'eau et l'assainissement comme des droits humains fondamentaux. Dans ce pays, les chiffres d'accessibilité de l'eau en ville sont en progression : 79 %[1] de la population a au moins un accès élémentaire à de l'eau buvable. Ce chiffre n'est que de 43 %[2] dans les milieux ruraux.

« Depuis que je suis né, déplore Boukary Sawadogo, père de quatre enfants, je connais des problèmes liés à l'eau. Je ne bois pas toujours à ma soif. Parfois, je ne me lave pas pendant trois jours pour économiser l'eau nécessaire à la cuisine ou à l'agriculture. »

▸ **Boukary Sawadogo**, cultivateur, âgé de 36 ans, est né à Goupana. Il préfère cultiver plutôt que d'élever du bétail car, faute d'eau, il est difficile d'abreuver les animaux. Il cultive essentiellement pendant la saison des pluies, de juillet à mi-octobre.

« Les problèmes urinaires, de diarrhées, les vomissements, les maux de ventre sont surtout liés à l'eau, surtout l'hiver, assure Albert Sawadogo, père de huit enfants. À cette période de l'année, à cause des travaux agricoles, nous ne pouvons pas nous permettre de perdre une journée pour aller au forage. Comme nous avons l'eau de pluie, l'eau des toits, nous la buvons et nous nous occupons des champs. » Récupérer et boire de l'eau de pluie n'entraîne pas systématiquement des maladies. Cela dépend des lieux et des constructions. Des précautions supplémentaires doivent être prises : une citerne propre, attendre que la première pluie ait nettoyé les toits, etc. Certains choisissent d'ajouter de la chaux à l'eau pour l'assainir.

▸ **Albert Sawadogo**, cultivateur âgé de 60 ans, est né à Goupana. « Quand j'étais enfant, nous devions parcourir entre 10 et 20 kilomètres pour trouver de l'eau, se rappelle-t-il. Aujourd'hui, cette distance est de 5 kilomètres. Les femmes s'y rendent à pied et portent l'eau sur leur tête. Pendant ce temps, je m'occupe, entre autres, des enfants. »

« Ce serait bien d'avoir de l'eau à proximité, espère Albert Sawadogo. Cela nous apaiserait quant aux problèmes de nourriture et de maladies. Les jeunes partent en ville car ils n'ont rien ici. Nous n'arrivons pas à subvenir à nos besoins. S'il y avait de l'eau, ma première priorité serait de jardiner pour bien se nourrir. [...] J'essaie avec les autres villageois d'élever des animaux – des ânes, des moutons, des bœufs, des poulets –, mais l'eau manque. Je ne peux pas bien m'en occuper. »

« Si nous avions plus d'eau, nous pourrions jardiner davantage et vendre les récoltes, ce serait plus simple, précise Zenabou Taonsa. Je serais prête à laisser mes terres, malgré mes racines ancrées dans ce village. »

30 % de la population sans accès à une eau salubre

L'eau est un des principaux vecteurs de maladies. « Nous buvons 80 % de nos maladies », affirmait Louis Pasteur. Aujourd'hui, 2,1 milliards de personnes n'ont pas accès à l'eau sans risque de tomber malades, soit 30 % de la population mondiale.

Les pays touchés par la sécheresse sont, bien sûr, concernés par des difficultés d'accès à l'eau ; mais, la plupart des spécialistes interrogés nous l'ont confirmé, ce n'est pas la principale difficulté. Dans de nombreux territoires, l'eau peut être disponible, sans être forcément salubre. Les investissements ou les aménagements nécessaires pour creuser un forage ou traiter l'eau sont souvent insuffisants.

Le réchauffement climatique, dans certaines zones, renforce les sécheresses et la désertification. Certes, l'eau est le premier vecteur par lequel le changement climatique touche l'homme et les écosystèmes, mais il a, pour l'instant, une incidence mineure sur le non-accès à l'eau buvable de 30 % de la population mondiale. « Le changement climatique exacerbe les problèmes déjà existants, explique Jean Lapègue, d'Action contre la faim. Il ne faut pas que le financement accordé au développement soit amputé par celui qui est alloué au développement durable. Aujourd'hui, une concurrence existe entre l'humanitaire et le développement durable. »

▸ **Jean Lapègue**, hydrogéologue de formation, travaille à Action contre la faim depuis 1999. Fort de nombreuses expériences de terrain dans l'humanitaire, notamment dans les zones de conflits, il est aujourd'hui le référent « eau, assainissement et hygiène » de cette association. « En Afrique subsaharienne, 60 % des personnes responsables de l'eau sont des femmes, constate-t-il. L'enjeu est énorme. On consacre toujours plus d'argent à la nutrition, mais on oublie trop souvent l'eau. Elle est au cœur de notre démarche humanitaire. »

Un point reste difficile à préciser : comment définir ce qu'est une eau potable, c'est-à-dire buvable ? Dans certains forages, l'eau est douce et buvable sans aucun traitement. Il faut ensuite faire attention au transport, aux récipients qui peuvent être contaminés, afin d'éviter toute maladie. Les critères d'évaluation de l'accès à une eau buvable ne sont pas simples à établir. En Occident, l'eau dite potable répond à des normes précises : des taux de nitrates et de pollution chimique limités sont par exemple autorisés. Les bactéries et les pathogènes sont supprimés.

L'eau a été reconnue comme un droit humain fondamental par la communauté internationale. Malgré cette avancée, certains chercheurs regrettent que les objectifs de l'Onu tendent à orienter les aménagements vers un système à l'occidentale, avec un robinet d'eau potable pour chaque maison. Ces objectifs ne seraient pas adaptés à tous les territoires. « La définition actuelle du droit humain à l'eau ne donne pas un droit à un environnement de bonne qualité permettant les usages de l'eau que la société souhaite faire, alerte Julie Trottier. Par contre, cette définition permet de considérer le droit humain à l'eau comme satisfait si une compagnie privée traite, puis achemine de l'eau jusqu'à votre robinet. Cette définition très précise avantage donc les compagnies qui offrent ce type de service. Elle ne protège pas une population contre la pollution d'une rivière essentielle à ses moyens de subsistance. » Ces objectifs empêcheraient des progrès plus significatifs et indispensables afin d'éradiquer les maladies liées à l'eau, encore très nombreuses.

« Les maladies hydriques touchent énormément d'enfants de moins de 5 ans, souligne Jean Lapègue. Elles représentent 30 % de la mortalité infantile. La diarrhée, par exemple, tue entre 1 000 et 1 500 enfants par jour. Il s'agit de maladies très difficiles à juguler. Un meilleur accès à l'eau ne suffit pas, il faut aussi améliorer l'hygiène, l'accès à l'assainissement. On parle beaucoup de la guerre civile en Syrie, à juste titre, mais il faut savoir que les morts par diarrhées sont plus nombreuses que les victimes de ce conflit. Une personne infectée perd l'appétit et rejette les nutriments dans les selles. Il faut briser ce cercle vicieux. Le paludisme, transmis par un pathogène que véhiculent les moustiques, est également lié à la qualité de l'eau. »

Nous avons tendance à oublier que l'eau et l'assainissement sont la base de l'alimentation et de la santé. Quelque 4,5 milliards d'êtres humains n'ont pas accès à un service d'assainissement hygiénique permettant l'élimination des matières fécales, et 80 % des eaux usées sont rejetées dans l'environnement sans traitement. « C'est plus simple d'avoir accès à un téléphone portable qu'à des toilettes, affirme Sandra Métayer, de la Coalition Eau. Cela demande moins d'aménagements. Sensibiliser sur la question des toilettes est difficile. Faute d'expliquer pourquoi il est important d'utiliser des toilettes, l'impact sur la santé est souvent méconnu. Et pourtant, le lien est simple : lorsqu'on défèque à l'air libre dans des trous creusés dans les champs, à proximité d'une rivière, il peut y avoir contamination de l'eau. La façon la plus répandue d'accéder aux toilettes dans les pays en développement est la construction de latrines : une fosse fermée avec une dalle en béton, afin d'éviter toute contamination. Il est important que les excréments soient ensuite extraits et traités. Or les boues de vidange sont parfois rejetées dans l'environnement, quelques kilomètres plus loin, et cette pollution organique touche les nappes phréatiques. D'autres systèmes, comme les toilettes écologiques, peuvent également être développés. Les toilettes sèches sont une solution intéressante. »

Certains spécialistes encouragent l'installation de toilettes sèches à diversion d'urine. Peu coûteuse, cette technique permet de garder les excréments secs et évitent ainsi la prolifération des bactéries. Autre avantage : l'urine, riche en azote, est un bon engrais pour la terre.

▸ **Sandra Métayer** est coordinatrice de la Coalition Eau, qui regroupe les ONG françaises engagées pour l'accès à l'eau et à l'assainissement pour tous. Elle réalise notamment des actions de plaidoyer et tente d'influencer les décideurs politiques. « Aujourd'hui, on parle moins de l'eau, regrette-t-elle. Une lassitude s'est en quelque sorte installée. »

De nombreuses associations regrettent le manque de volonté politique pour améliorer l'accès à l'eau et à l'assainissement. « Pourquoi les progrès sont-ils aussi lents ? s'interroge Sandra Métayer. Parce que cela ne fait pas recette. Un président qui fait campagne en promettant l'accès aux toilettes à 100 % de la population, ce n'est pas glamour. » L'autre problème : le financement. L'accès à l'eau et à l'assainissement exige un minimum d'aménagements. « Il faudrait tripler les financements actuels pour atteindre les objectifs d'accès universel à l'eau potable et à l'assainissement en 2030, poursuit Sandra Métayer. Le problème, c'est qu'une partie de l'aide prend la forme de prêts, notamment celle qui est venue de France. Elle ne touche donc que les pays solvables et non les pays les plus pauvres. La France, qui est l'un des principaux bailleurs de fonds, a un rôle clé à jouer. »

L'argent nécessaire pour construire un forage ne se trouve pas facilement. Dans le village de Tintilou, à 35 kilomètres d'Ouagadougou, un forage a été réalisé début janvier 2018. Auparavant, les habitants devaient parcourir 2 kilomètres pour avoir de l'eau. La pompe était très fréquentée, avec pour conséquence un faible débit et, parfois, des heures d'attente. Aujourd'hui, le forage, utilisé par plus de 350 personnes, permet aux villageois de boire une eau saine, sans traitement. « Cela a réglé les problèmes de maladies, en particulier au niveau du ventre des enfants, indique Rosalie Nikiema, mère d'un enfant et grand-mère. L'eau est pure, nous l'avons remarqué. Avoir de l'eau a renouvelé notre capacité de vivre. » Les femmes du village insistent sur un autre point : l'hygiène. Les enfants peuvent dorénavant se laver les mains avant d'aller à l'école, à 4 kilomètres du village.

▸ **Rosalie Nikiema**, 60 ans, est vendeuse de légumes et de fruits et s'exprime au nom du groupe de femmes de Tintilou. Depuis la réalisation du forage, elle n'a plus besoin de se lever à 4 heures du matin. Les témoignages d'habitants de Tintilou ont été recueillis par la journaliste Fanny Noaro-Kabré, déjà citée.

Goama Michel Kabré a toujours vécu à Tintilou. Cet « ancien » répond à nos questions sans pouvoir détacher ses yeux du forage. « Avant, confie-t-il, c'était très difficile. Nous n'arrivions pas à avoir assez d'eau. Aujourd'hui, grâce à cette eau, nous pouvons nourrir les enfants. Cette eau est une surprise. J'ai senti un vrai changement. Il ne faut pas gaspiller. »

▸ **Goama Michel Kabré**, 67 ans, est père de treize enfants. Les villageois de Tintilou avaient demandé à leur représentant communal un forage, en vain. Grâce au financement de l'association allemande Action Five, ce forage a pu être réalisé.

Entre les cases, des ânes, des poules, des chèvres. L'eau du forage est d'une grande utilité pour l'élevage, l'agriculture et la fabrication des briques. « Je n'imaginais pas pouvoir vivre cela un jour, se réjouit André Kabré. L'eau, c'est la vie ! Nous pouvons arroser le jardin et fabriquer des briques. Notre vie est devenue plus simple depuis que l'eau est plus près. J'arrive à fabriquer plus de briques pour construire des maisons. Auparavant, il n'y avait pas autant de maisons. »

▸ **André Kabré**, né à Tintilou, est père de quatre enfants et grand-père. À 63 ans, il construit des briques et tisse des pailles pour les maisons. Grâce à l'arrivée de l'eau dans le village, il produit plus de briques et en vend donc davantage.

« Nous créons un potager pour nourrir la famille, s'enthousiasme Rosalie Nikiema. Notre objectif est de regrouper les femmes pour cultiver autour du forage. Nous faisons des essais avec le persil. » Avant la construction du forage, les femmes du village revendaient des légumes qu'elles achetaient. La création de ce groupement leur permettrait de gagner en autonomie.

« L'objectif numéro un est le retour à la terre, souligne Patrick Kabré, à l'origine de ce forage.

Des hommes sont revenus des villes grâce au forage. Ils peuvent construire des briques, des maisons et s'occuper des terres. Notre objectif n'est pas seulement la consommation individuelle de chacun. Nous avons construit une école de la seconde chance, avec un potager. Nous voulons également planter des arbres. Les femmes ont commencé un potager. Elles arrosent. La terre est nourrie. Une fois qu'elle est cultivée dans le respect, il n'y a aucune raison que la terre meurt. »

▸ **Patrick Kabré**, chanteur et musicien, a fondé l'Atelier Silmandé, une structure qui promeut les arts et la culture auprès des enfants. La famille de son père est originaire du village de Tintilou. À l'initiative du forage, il collabore à d'autres projets avec l'association allemande Action Five. À terme, l'objectif de Patrick Kabré est de développer des projets culturels, pédagogiques et écologiques autour du forage.

Financé par une association, le forage a coûté 7 000 euros, ce qui « n'est pas une petite somme dans un pays comme le Burkina, précise Patrick Kabré. À ce prix-là, nous étions sûrs de réaliser un forage positif. L'eau ne se vend pas au Burkina. On peut mettre de l'argent dans une caisse, au cas où le forage se gâte. Mais les habitants n'ont pas les moyens. Ils n'ont que trois mois de pluie et le changement climatique n'arrange rien. De toute façon, créer un forage ne suffit pas. Il doit s'inscrire dans un projet à long terme, qui permette de maintenir le forage. Nous laissons les villageois établir eux-mêmes le règlement intérieur».

Le forage en question devrait fonctionner pendant une trentaine d'années. Pour l'instant, il est gratuit. Grâce aux activités liées à l'eau, l'objectif est de mettre en place, progressivement, un système de cotisation, «pour le cas où des réparations seraient nécessaires, poursuit André Kabré. Gagner de l'argent dans nos campagnes n'est pas simple. Il faut sensibiliser la population à la nécessité de ne pas consommer trop d'eau, même si le gaspillage ne fait pas partie de notre culture».

Pour développer l'accès à l'eau, une volonté politique et le respect des traditions locales semblent indispensables. «Il faut libérer l'action de la société civile, conseille Mohamed Larbi Bouguerra. Pas question d'envoyer un ingénieur pour dicter une leçon. Quand on veut distribuer de l'eau, on se doit de respecter la manière de faire et les traditions du village. Si vous imposez vos points de vue, vous allez à l'échec. Dans chaque village, il y a un chef. Il convient aussi de prendre en compte la position des femmes. Des tas de projets ont échoué parce que les rapports humains n'ont pas été pris en compte. Je mets également l'accent sur la volonté politique. Quand on voit l'argent dépensé pour l'armée et les ambassades, il semble possible de réunir 10 milliards d'euros par an. Au bout de dix ans, l'eau serait à la portée de toute l'humanité. Les solutions ne manquent pas pour faciliter l'accès à l'eau. Le véritable problème, c'est le manque de volonté politique et le défaut de coopération entre pays riches et pays pauvres.»

« Sans eau, pas de développement, déplore Emmanuel Poilane, de la fondation France Libertés. C'est essentiel et pourtant ça n'intéresse personne. On veut nous faire croire qu'il est possible de changer la planète par la science. Parfois, il suffit simplement de s'inspirer de nos ancêtres. Il est en outre essentiel de remettre l'eau au cœur des politiques de développement. »

▸ **Emmanuel Poilane** a travaillé dans l'humanitaire sur le terrain, dans plusieurs pays africains comme le Bénin ou le Tchad, avant de prendre la direction de la fondation France Libertés. Créée par Danielle Mitterrand, cette fondation s'est beaucoup investie dans le domaine de l'eau, notamment quant aux problématiques de privatisation de sa gestion. Aujourd'hui, elle soutient, entre autres, des initiatives porteuses de solutions sur le terrain. En France, cette fondation a obtenu l'interdiction des coupures d'eau consécutives à des factures impayées.

Ce manque de volonté et de coordination politiques peut déboucher sur une concertation défaillante. « Dans certaines régions de la Côte d'Ivoire, du Mali, du Sénégal, il y a jusqu'à seize intervenants différents qui posent des pompes, regrette Mohamed Larbi Bouguerra. Un village a une pompe française, tandis que celui d'à côté a bénéficié de l'aide d'évangélistes chrétiens pour installer des pompes américaines. Si votre pompe est en panne, impossible de demander aux voisins de la réparer. Cela cause des problèmes de gestion. »

Sans coordination ni surveillance globales, le second risque est celui de l'assèchement des nappes. Alain Gachet a conçu un algorithme qui permet de trouver de l'eau avec un taux de succès supérieur à 90 %, au lieu de 50 % avec les méthodes classiques. Il a notamment éprouvé sa technique pendant la crise du Darfour ou en Afghanistan. Pour trouver de l'eau, il est possible de forer au-delà de 150 mètres, voire à plus de 3 kilomètres de profondeur, pour trouver des eaux vieilles de plus de 3 000 ans. Ces nappes ne sont pas toujours renouvelables, ou de façon très lente. « L'eau, je ne la vois pas, précise Alain Gachet. Je sais qu'elle est là par recoupements successifs, par probabilités. Je m'aide aussi des radars. »

▸ **Alain Gachet**, ingénieur et physicien spécialisé en géologie, a travaillé vingt ans pour Elf. Il est l'inventeur d'un algorithme permettant de détecter la présence de nappes d'eau profondes. Il a travaillé dans des zones de conflits, dans le domaine de l'humanitaire, et souhaite élargir son travail au monde industriel. Il a des projets en cours au Koweït, en Algérie, au Gabon ou en Afrique du Sud.

Cependant, selon plusieurs chercheurs interrogés, creuser toujours plus profond comporte des risques. « Ces eaux dites fossiles peuvent jouer un rôle sur la microbiologie du sous-sol, précise Nathalie Dörfliger, du Bureau de recherches géologiques et minières (BRGM). Lorsqu'un volume important est soustrait, l'eau est remplacée par du vide, ce qui induit un risque d'effondrement, de séisme. Si cette eau est salée, il faudra beaucoup d'énergie pour la dessaler. Les aquifères profonds sont, en quelque sorte, une fausse bonne solution. Leur exploitation n'entre pas dans la logique de développement durable. Quand il n'y en aura plus, comment fera-t-on ? »

▸ **Nathalie Dörfliger**, directrice « eau, environnement et écotechnologies » du BRGM, est spécialiste de la protection de la ressource et des relations entre nappes et rivières. Le BRGM est un établissement public de référence dans les applications des sciences de la Terre pour gérer les ressources et les risques du sol et du sous-sol.

Face à ces critiques, Alain Gachet perd patience : « Il y a des risques, bien sûr, mais les risques de mourir de soif ne sont-ils pas plus graves ? C'est ne rien faire qui est dangereux. Notre ignorance est dramatique, alors que nous disposons de technologies pour lever le voile sur les réserves. »

Toutefois, c'est moins la quantité d'eau qui pose un problème que sa gestion. La solution technique ne paraît pas toujours la meilleure, d'autant moins que d'autres moyens plus écologiques ont été développés pour disposer d'eau à long terme, comme l'agroécologie. Ces forages profonds pourraient être utiles s'ils étaient très contrôlés et limités aux zones de conflit ou de crise. Selon les spécialistes interrogés, le risque d'assécher les nappes est réel et déjà avéré pour certains aquifères d'Inde ou de Libye. Sans remise en cause de la consommation d'eau, ce danger est d'autant plus sérieux. Sans même recourir à des algorithmes complexes de détection de l'eau, certaines régions sont déjà touchées par ces assèchements, faute de surveillance et de coordination de l'exploitation des nappes.

En Occident, une eau rendue potable grâce à de multiples traitements

Les pays développés ont éliminé les risques de contamination microbienne par l'eau. Le mouvement hygiéniste du XIXe siècle, très développé en France, y a largement contribué.

Mais au cours du XXe siècle, l'eau, réceptacle de toutes les pollutions, a été dégradée par des produits chimiques. « L'eau est révélatrice de l'état de l'humanité, analyse Claire Chanut, des Femmes semencières. Auparavant, nous avions des problèmes d'hygiène à cause de l'eau. Désormais, nous faisons face à des maladies dégénératives comme le cancer. »

▸ **Claire Chanut** a créé le mouvement Femmes semencières sur une proposition de Pierre Rabhi. « L'eau est aussi impénétrable que la semence, nous confie-t-elle. La semence s'éveille au contact d'une goutte d'eau. Les femmes porteuses d'eau sont aussi des gardiennes de la semence. Ce sont les fondements de la vie. L'eau représente un élément sensible en nous. »

PETIT CYCLE DE L'EAU

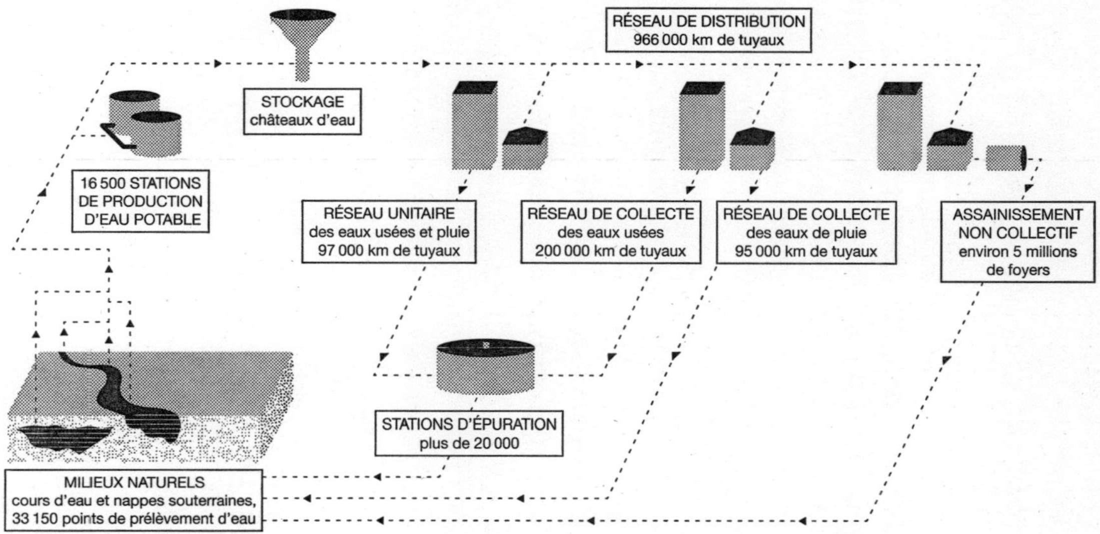

Source : Eaufrance et Agence Régionale de Santé

Pour comprendre comment l'eau est traitée aujourd'hui, nous sommes allés visiter l'usine de Joinville, qui produit 25 % de l'eau potable parisienne. Ici, plusieurs techniques sont combinées pour éliminer les micropolluants d'une eau prélevée dans la Seine. Récemment rénovée, cette usine du XIXe siècle présente la particularité de posséder vingt grands bassins filtrants. « Nous recourons à plusieurs procédés de désinfection, détaille Benoît Lorain, responsable d'exploitation de l'usine de Joinville-le-Pont pour Eau de Paris. Une protection multibarrières permet de supprimer les micro-organismes. La première étape est l'ozone. Grâce à cette technique, nous cassons les molécules des pesticides, qui sont assez grosses. Ensuite, nous passons ces petites molécules cassées sur les filtres de charbon actif qui vont les absorber. Nous ajoutons un traitement UV en plus de l'ozone, en complément. »

▸ **Benoît Lorain**, ingénieur chimiste, travaille depuis 2012 à Eau de Paris, l'opérateur public en charge de la production et de la distribution de l'eau à Paris. Depuis 2010, la gestion de l'eau est en effet devenue publique dans la capitale. Depuis 2017, il gère la production de l'eau de l'usine de Joinville.

Pour supprimer les pesticides et autres micropolluants, le charbon actif est la technique la plus utilisée en France, à plus de 99,8 %[3]. Pour les eaux plus polluées, d'autres techniques plus onéreuses peuvent être mises en place, comme la filtration par membranes. Elle n'exige pas l'emploi de réactifs chimiques et retient physiquement les micropolluants, de manière mécanique. Les membranes peuvent traiter des eaux très polluées et produisent une eau très pure. La filtration peut s'effectuer de plusieurs manières, notamment par osmose inverse, technique utilisée pour dessaler l'eau de mer. La « maille » des membranes est alors extrêmement fine. Aujourd'hui, seules une douzaine d'usines en France ont recours aux membranes. « L'eau, techniquement, on peut en faire ce que l'on veut, explique Olivier Brunner, de l'agence de l'eau Loire-Bretagne. Il existe une palette de technologies : ozone, charbon actif, membranes… Le choix du traitement doit tenir compte du coût. »

Eau de Paris utilise ces techniques membranaires dans deux de ses usines. Pour l'instant, il n'est pas envisagé de développer davantage ces procédés très coûteux. « Ces vingt dernières années, nous avons réorienté nos investissements vers l'élimination de ces micropolluants, souligne Jean-Baptiste Butlen, directeur adjoint d'Eau de Paris. Les techniques que nous utilisons suffisent à les abattre. Nous sommes 100 % conformes en ce qui concerne les pesticides, les résidus médicamenteux, les perturbateurs endocriniens. Au regard des risques écotoxicologiques, les doses sont infinitésimales. L'inquiétude liée à ces sujets est grande et légitime, et il est nécessaire de surveiller. Mais il n'y a pas lieu d'être inquiet, nous sommes formels en la matière. Nous avons plus d'inquiétudes concernant la pollution apportée par l'air. »

▸ **Jean-Baptiste Butlen** est directeur adjoint d'Eau de Paris. Ingénieur agronome et ingénieur des eaux et forêts, il a également travaillé à la direction de l'eau au ministère de l'Environnement. « L'eau est très liée à des intérêt généraux, avec des considérations sociétales. Et, bien évidemment, ce sujet est empreint de questions économiques et de rentabilité », assure-t-il.

Plusieurs associations et spécialistes nous l'ont confirmé : près de 96 % des Français peuvent boire l'eau du robinet en toute confiance[4]. L'eau est traitée quasi systématiquement. Les risques de pollution par les pesticides et autres micropolluants seraient bien plus élevés en mangeant une nourriture issue de l'agriculture intensive ou par l'air.

Certains remettent en cause les normes définissant l'eau potable. Afin de les respecter, on invente des tours de passe-passe. Par exemple, pour satisfaire au taux de nitrates autorisé, une eau propre est mélangée à une eau beaucoup plus polluée. En diluant, une eau conforme est obtenue. Les dérogations sont également jugées trop nombreuses, d'autant plus que la législation est plus souple depuis 2010.

Prenons l'exemple de l'atrazine. Avant 2010, si la valeur sanitaire maximale était dépassée de 20 % pendant plus d'un mois, une interdiction temporaire de la consommation était prononcée. Depuis 2010, il faut dépasser de 100 % la valeur sanitaire maximale pour interdire une eau à la consommation. La tolérance a été accrue. Résultat : dans de nombreuses communes, les quantités de pesticides tolérées sont cinq fois plus importantes; on est ainsi passé de 34300 personnes touchées par des restrictions en 2009, à 8939 personnes en 2010[5]. «Auparavant, dès que des produits pouvaient être dosés, la consommation d'eau était interdite. On est passé d'une logique de précaution – interdire l'eau en fonction du dosage des produits – à une logique d'évaluation du risque, regrette François Veillerette, de Générations Futures. Normalement, la logique de précaution prévaut d'un point de vue sanitaire et la logique de risque domine pour les industriels.»

En matière de qualité de l'eau potable, on constate une inégalité entre les villes et les campagnes. La densité des villes permet de financer des traitements de l'eau plus coûteux. Une eau polluée notamment par les pesticides, les nitrates ou le plomb sort du robinet de 2,8 millions de Français[6], soit 4% de la population.

En 2014, environ 3000 personnes[7] étaient concernées par des restrictions d'usage de l'eau pour la boisson et la préparation d'aliments, à cause de la présence de pesticides. Ce fut le cas dans la petite commune de Lucy-sur-Yonne, entre le 17 décembre 2017 et mars 2018. Pendant cette interdiction, des bouteilles d'eau ont été distribuées. Les habitants de cette commune de 150 habitants, entourée de gros céréaliers, déplorent que l'eau du robinet ait été de nouveau autorisée, alors que la présence de molécules d'un pesticide utilisé pour le colza d'hiver y était quantifiée à un taux trois fois supérieur à la normale. Une interdiction partielle a été maintenue pour les femmes enceintes et les nourrissons de moins de six mois. Une association de riverains a assigné en référé contre cette décision de la préfecture, de l'agence régionale de santé et du maire. Elle a gagné. En juillet 2018, le tribunal administratif de Dijon a demandé au préfet et au maire de rétablir la mesure d'interdiction de consommation de l'eau, avec une astreinte de 100 euros par jour de retard. « Dans l'Yonne, 80 à 90 communes sont régulièrement concernées par ces interdictions partielles ou totales de la consommation de l'eau. Certaines molécules dangereuses ne sont cherchées dans notre région que depuis août 2017, déplore Lionel Deschamps, de l'association Lucytoyens. Auparavant, on ne cherchait pas ces pesticides nouveaux, et l'on recherche encore moins les effets cocktails de ces pesticides. »

▸ **Lionel Deschamps**, président de l'association Lucytoyens, souhaite fédérer les associations locales sur l'eau afin d'avoir un impact plus global et d'envisager une action de groupe. L'objectif est la création d'une fédération citoyenne pour répondre au défi de l'eau potable. L'avocate qui défend Lucytoyens sur ce dossier, Blanche Magarinos-Rey, est avocate spécialisée en droit environnemental.

Une troisième procédure est en cours pour non-respect des périmètres de protection des captages fournissant Lucy-sur-Yonne en eau potable. Ces périmètres ne sont toujours pas établis après quarante ans de procédure ! Ce cas est loin d'être isolé. Sur les quelque 34 000 captages français, on estime à environ 3 000 le nombre de ceux qui sont touchés par ces pollutions aux nitrates et aux pesticides[8]. En 2009, 532 captages étaient même considérés comme « prioritaires Grenelle[9] ». Cinq ans après, en 2014, seuls 40 % bénéficiaient d'une zone de protection définie par arrêté préfectoral, et 21 % d'un programme d'action validé par un arrêté préfectoral[10]. Depuis, 500 autres captages ont été classés prioritaires. D'autres ont même été abandonnés : 8 627 entre 1994 et 2015. La mauvaise qualité de l'eau due aux nitrates et aux pesticides est la première cause de ces fermetures.

L'Union européenne a fixé des limites à la pollution d'une eau susceptible d'être traitée. Cependant, au lieu d'instaurer des mesures pour restreindre la pollution autour des captages, certains préfèrent les fermer. Et pourtant, les mesures de prévention coûtent beaucoup moins cher que le traitement de l'eau. Une étude a prouvé que le préventif peut coûter jusqu'à 87 fois moins cher que le curatif pour produire de l'eau potable[11]. Rien que pour les ménages, les dépenses supplémentaires occasionnées par ces pollutions à l'azote et aux pesticides oscilleraient entre 1 005 et 1 525 millions d'euros, dont 640 à 1 140 millions répercutés sur la facture d'eau ! Pour les ménages des communes les plus polluées, la facture d'eau peut grimper de 494 euros par an[12].

Dans les milieux aquatiques, les coûts d'élimination de l'azote et des pesticides ont également été évalués : au total, ils seraient compris entre 54 et 91 milliards d'euros[13] pour les eaux de surface, entre 522 et 847 milliards pour les eaux souterraines[14]. En France, ces sommes gigantesques représentent plus de trois fois les ressources annuelles de l'État !

L'agriculture intensive parvient à produire des aliments vendus à bas prix, mais elle externalise le coût de la dépollution de l'eau potable et celui des dégâts sur l'environnement.

Des mesures simples peuvent être mises en place. La ville de Lons-le-Saunier, dans le Jura, en offre un bon exemple. Pour limiter l'augmentation régulière du taux de nitrates dans l'eau, des conventions ont été établies, offrant aux agriculteurs un débouché pour les produits biologiques dans les cantines scolaires. Près des captages, seule l'agriculture biologique est autorisée, et les surfaces de prairie ont été élargies. Le prix de l'eau y est de 32 % moins cher que la moyenne nationale[15].

Paris a également mené des actions dans la quasi-totalité des aires d'alimentation de captages. Dès 1990, les premières acquisitions foncières ont été réalisées pour protéger l'eau. Des actions encouragent les agriculteurs à limiter l'usage de produits phytosanitaires. Des mesures incitent la conversion des agriculteurs en agriculture biologique (AB). « Nous pouvons réaliser des acquisitions foncières sur des zones de captage, explique Célia Blauel, présidente d'Eau de Paris. Nous signons aussi des baux environnementaux. Nos équipes accompagnent également les agriculteurs sur le terrain vers leur conversion à l'AB. Pour l'instant, nous n'avons pas le droit de donner de l'argent directement. Nous allons nous mettre en situation de le pouvoir. Dans la vallée de la Vanne, les surfaces cultivées en bio ont été multipliées par sept depuis 2007. Nous sommes capables de nous doter d'usines de dépollution de l'eau avec les dernières technologies à membranes. Cependant, nous pensons que l'innovation ne passe pas seulement par la technologie, mais aussi par une démarche préventive en amont. »

▸ **Célia Blauel**, présidente d'Eau de Paris, entreprise publique, est adjointe à la maire de Paris, et chargée de toutes les questions relatives à l'environnement, au développement durable, à l'eau, à la politique des canaux et au Plan climat-air-énergie-territorial (Europe Écologie-Les Verts). « J'ai demandé à traiter ces sujets. L'eau m'intéresse. Tant techniquement que politiquement, c'est passionnant », s'enthousiasme-t-elle.

En Allemagne, Munich est souvent montré en exemple. Afin de préserver la qualité de l'eau, la ville bavaroise achète des terres agricoles où l'eau potable est prélevée. Les agriculteurs qui les louent ont obligation d'y cultiver en agriculture biologique. Ceux qui possèdent leurs propres terres sont également invités à s'y convertir. La ville les rémunère pour leur contribution à la protection de l'eau, compense leur baisse de rendement et soutient les investissements pendant la période de transition. Les fonds nécessaires sont obtenus grâce à la facture d'eau : 1 centime d'euro par mètre cube[16], 23 fois moins cher que le coût moyen de la suppression des nitrates dans l'eau[17]. L'eau potable peut être obtenue sans traitement compliqué.

Selon la chercheuse Gabrielle Bouleau, il conviendrait d'inventer de nouveaux liens entre les campagnes et les villes : « Le monde rural n'est pas le seul à devoir faire des efforts. Des navettes pourraient être mises en place sur les fleuves, afin de désenclaver certaines zones où la pollution diminue. Il faut établir des politiques de territoire pour que les habitants se sentent solidaires et non pas abandonnés. »

Ces mesures locales pourraient être couplées à d'autres actions nationales telles que la taxation des pesticides, des aides plus significatives en faveur des agriculteurs qui se convertissent au bio ou encore une réorientation des aides de la Pac.

Les associations de consommateurs et environnementales encouragent ce type de mesures préventives, d'autant plus que les coûts de dépollution, pour la plupart, sont acquittés par les consommateurs, qui paient 88 % de la redevance pollution et 70 % de la redevance prélèvement[18]. Le principe « pollueur-payeur » n'est pas respecté, au point que certains parlent plutôt de « pollué-payeur ». « En tant qu'agriculteur, je paie des redevances et des taxes de dépollution, se défend Éric Thirouin, de la FNSEA. Au nom du principe "pollueur-payeur", trois redevances sont payées par les agriculteurs. Sur le dossier du nitrate, les investissements des éleveurs ont été très importants. » Il est vrai que les agriculteurs paient, mais dans une moindre mesure : 7 % de la redevance pollution et 4 % de la redevance prélèvement[19].

Le montant et la répartition des redevances sont décidés dans les comités de bassins, qui sont les « mini-parlements de l'eau ». Au sein de ces comités, plusieurs collèges existent, dont celui des représentants des collectivités locales, qui rassemble 40 % des voix, contre 20 % qui reviennent à celui des représentants de l'État. Le dernier collège regroupe les usagers professionnels et non professionnels : agriculteurs, industriels, associations... Certains regrettent que les associations de consommateurs et environnementales s'y retrouvent noyées et soient insuffisamment représentées. Ce débat dure depuis de nombreuses années.

En 2020, un collège d'usagers non professionnels sera créé : une avancée quant à la désignation du représentant. Cependant, cette mesure ne changera pas la part de voix accordée aux usagers non professionnels. Cette réforme ne satisfait pas les militants écologistes et les associations de consommateurs. « Il n'est pas illégitime pour les consommateurs de demander une représentation plus forte, relève Jean Launay, président du Comité national de l'eau. Si on augmente la part de vote accordée au collège des usagers non économiques, à qui enlève-t-on du poids ? C'est un débat qui bloque le fonctionnement des agences. Le collège des élus représente aussi la population. Je ne suis pas sûr qu'un changement du mode de représentation et de gouvernance soit de nature à faire changer le monde agricole. Je ne sous-estime pas le problème de la représentation. Il faut réussir à dépassionner ces sujets. Les réactions sont toujours à fleur de peau. »

▸ **Jean Launay**, député du Lot de 1998 à 2017 (Parti socialiste), est président du Comité national de l'eau, « le parlement des parlements de l'eau », et président du Partenariat français de l'eau, qui regroupe l'État, les associations et les acteurs économiques du monde de l'eau. L'objectif de ce partenariat est de rassembler tous les acteurs de l'eau en France afin de peser à l'étranger.

Pourtant, Oliver Andrault l'affirme : difficile de changer la politique de l'eau sans modifier sa gouvernance. « En France, souligne-t-il, les parlements de l'eau sont les comités de bassin. Ce sont des structures de 60 à 120 membres où l'on retrouve tout au plus 8 à 10 ONG de présence effective. En général, les industriels votent avec les agriculteurs, notamment les industriels de la dépollution de l'eau. Pour les maires, il est très difficile de dire non à des agriculteurs implantés sur leur territoire, d'autant qu'ils sont parfois eux-mêmes agriculteurs. Avec les élus départementaux, c'est le même problème. Cette structuration qui, de loin, semble démocratique, est en réalité antidémocratique. Il y a une sous-représentation des parties prenantes défendant la ressource en eau. Le problème provient également de la technicité des dossiers. Nos représentants considèrent qu'ils ont peu ou pas d'influence dans 70 % des cas, car les dossiers sont déjà ficelés en amont. Il faut modifier l'équilibre des forces numériques, ainsi que le pilotage qui est trop local. Les instances nationales, notamment du ministère de l'Environnement, devraient être bien mieux représentées. »

Au cours de notre enquête, les spécialistes du monde l'eau ont, à plusieurs reprises, salué cette gestion décentralisée et locale de l'eau. Toutefois, le lobbyisme local et le « copinage » sont un des revers de la médaille, d'où cette demande en faveur d'un pilotage national plus fort. L'équilibre entre le « local » et le « national » est particulièrement difficile à trouver dans le domaine l'eau. « Il ne faut pas confondre la décentralisation de la mise en œuvre et l'ambition d'une politique globale, ajoute Emmanuel Poilane, de France Libertés. Aujourd'hui, à cause de la décentralisation, les autorités nationales ont tendance à ne pas s'en occuper. La seule ambition de l'État est de ponctionner le budget des agences de l'eau. »

Selon ces associations, du fait de ce fonctionnement, les agences de l'eau continuent à financer des projets agricoles qui polluent.

Dans son projet de loi de 2001, Dominique Voynet avait prévu de s'attaquer à la problématique « pollué-payeur ». Elle a vite fait face à de nombreux obstacles. « Comment expliquer le pouvoir du lobby agricole ? s'interroge l'ancienne ministre de l'Environnement. Par son poids historique dans la vie des campagnes françaises. Mais il y a une explication plus profonde : la crainte du désordre. Les députés savent que l'on peut murer leur permanence, l'une des formes d'action choisies par le syndicat dominant de l'agriculture. Il ne le fait plus guère, mais cela a été le cas. La crainte du trouble à l'ordre public : voilà pourquoi ce lobby agricole a du poids. Pourquoi cette loi sur l'eau a-t-elle été si compliquée ? Parce que les difficultés étaient réelles : des agriculteurs avaient pris en otages des directeurs d'agences de l'eau ! Cependant, elles ont été amplifiées par la crainte irrationnelle d'agir des politiques. »

Des multinationales à la conquête de l'or bleu

Avant d'aborder le vaste sujet de la gestion publique et privée de l'eau, il paraît nécessaire de préciser un point : dans le débat public, on confond fréquemment privatisation de l'eau et privatisation de la gestion de l'eau. À travers le monde, les cas de privatisations de l'eau sont rares. Dans la plupart des cas, il s'agit de partenariats public-privé, c'est-à-dire qu'une commune confie pour un temps défini la gestion de l'eau à une entreprise privée. Ces partenariats sont également appelés délégations de services publics, puisque l'eau, les tuyaux et les infrastructures n'appartiennent pas à la société.

La France est la championne du monde de ces partenariats public-privé dans le domaine de l'eau. Ils ont donné naissance aux deux géants mondiaux de ce secteur : Veolia et Suez, deux multinationales françaises.

La France, pionnière de l'hygiénisme au XIXe siècle, a développé très tôt des compétences dans ce domaine, en partie grâce aux découvertes de Louis Pasteur. « Il y a de nombreuses explications historiques, souligne Anne Le Strat, responsable de la remunicipalisation des services de l'eau de Paris. Il est étrange que la France, si attachée à ses services publics, ait autant délégué ceux de l'eau à des entreprises privées. Au départ, il s'agissait de PME. Grâce aux délégations de services publics extrêmement lucratives, ces PME ont grossi. C'est simple, nous n'avons pas le choix de l'opérateur. Vous pouvez changer d'opérateur téléphonique, de boulanger, mais ce n'est pas possible avec l'eau. L'eau est vitale et nous n'avons qu'un seul robinet. C'est une économie de rente et cela n'est pas sain. Je pense que l'eau ne doit pas générer de profits privés. Cette spécificité sans égale explique pourquoi les deux plus grandes multinationales dans le monde sont françaises. »

▸ **Anne Le Strat** a été conseillère de Paris et adjointe au maire de 2001 à 2014. En charge de la remunicipalisation de la gestion de l'eau de Paris, elle a présidé la régie Eau de Paris jusqu'en 2014. « On m'a beaucoup accusée d'être une idéologue, se souvient-elle. Ça m'est égal, mais ce reproche venait des libéraux, alors que les entreprises de l'eau ne respectent pas les théories libérales. L'eau est une économie de rente sans concurrence. *Via* leurs filiales, les multinationales de l'eau possèdent les entreprises qui effectuent les travaux, les bureaux d'étude, etc. »

Coté multinationales, on se défend de tout abus de pouvoir : « On a perdu de vue la complexité de ce domaine. On oublie que, derrière l'eau, il y a des tuyaux, des ingénieurs, rappelle Jean-Louis Chaussade, directeur général de Suez. Les partenariats public-privé sont une alliance de l'efficacité du privé au service du public. Le pouvoir public définit des objectifs. On ne rémunère pas l'eau, mais le service rendu. Je ne crois pas qu'il y ait plus efficace que l'entreprenariat associé à la volonté politique. »

▸ **Jean-Louis Chaussade** a commencé sa carrière en 1978 dans une filiale de la Lyonnaise des eaux, devenue Suez et numéro 2 mondial de l'eau. Il en est aujourd'hui le directeur général. « Nous sommes passés d'une logique de l'eau perçue comme un bien inépuisable à traiter s'il est pollué à un problème de ressources qu'il faut gérer, indique-t-il. Il ne faut pas sous-estimer ce qui a été fait depuis la Seconde Guerre mondiale en France. C'est à mon sens remarquable ! Pas moins d'un million de kilomètres de tuyaux ont été posés en une centaine d'années. Il y a peu de pays où l'on peut boire l'eau sans aucune crainte. »

Pendant longtemps, ces partenariats public-privé n'ont pas été remis en cause. « Il n'y a pas beaucoup de contre-lobbies dans le monde de l'eau, note Anne Le Strat. Les multinationales sont devenues tellement omnipotentes que certains ont fini par les confondre avec le service public. »

Le cas de Grenoble a marqué un début de changement. En 1995, le maire de cette ville, Alain Carignon, a été condamné pour abus de biens sociaux, corruption et subornation de témoins.

En échange de plus de 2 millions d'euros d'avantages personnels, la Lyonnaise des eaux, depuis rebaptisée Suez, avait obtenu la gestion de l'eau municipale. À la suite de cette condamnation, celle-ci est redevenue publique.

Les partenariats public-privé ont également connu des échecs dans de nombreux pays, particulièrement en Amérique latine. À la fin des années 1990 et au début des années 2000, les multinationales de l'eau y ont freiné leur extension. De puissants mouvements populaires hostiles aux privatisations de la gestion de l'eau ont vu le jour, notamment en Bolivie. En 2000, à Cochabamba, la privatisation du service de l'eau au profit d'une multinationale américaine a déclenché une révolte populaire, dite « guerre de l'eau », après la forte augmentation des prix de l'eau des ménages, ainsi que la remise en cause de droits traditionnels d'irrigation des paysans et surtout de leur gratuité. Face à l'ampleur et à la durée du mouvement, l'État bolivien a annulé le contrat de concession. Des situations similaires se sont répétées dans plusieurs villes d'Argentine, en Uruguay ou encore dans d'autres localités boliviennes, poussant parfois à des renégociations de contrat et souvent au départ de compagnies comme Suez ou Veolia. Dans la plupart des cas, ces multinationales se voient reprocher une hausse des prix brutale, ainsi que des investissements moins importants que promis. « Quand des crises de l'eau se développent, il y a toujours des personnes pour proposer des solutions payantes et trébuchantes, regrette Mohamed Larbi Bouguerra. Regardez ce que Veolia et Suez ont fait dans certains pays pauvres en Amérique latine. »

Malgré ces freins, Suez et Veolia sont toujours implantés dans de nombreux pays. Encore récemment, des contrats significatifs ont été signés en Inde. « Veolia était très présente en Amérique latine, confirme Jean-Luc Touly, ancien syndicaliste chez Veolia. Aujourd'hui, l'entreprise y a pratiquement disparu. En Afrique, sa présence a également beaucoup diminué. En Australie, elle est bien implantée, tout comme en Asie, notamment en Chine, ainsi que dans tous les pays d'Europe de l'Est. »

▸ **Jean-Luc Touly** a travaillé chez Veolia de 1973 à 2017, avec une longue interruption puisqu'il a été licencié en 2004 pour déloyauté à la suite de dénonciations des pratiques de son entreprise. Il a été réintégré en 2010. Syndiqué à la CGT puis à FO, ce lanceur d'alerte a été responsable eau de la fondation France Libertés de 2004 à 2015. Il est aujourd'hui président du Front républicain d'intervention contre la corruption (Fricc), ainsi que porte-parole de l'Association pour un contrat mondial de l'eau (Acme).

Ces multinationales misent de plus en plus sur d'autres marchés, notamment ceux de l'eau industrielle, du dessalement de l'eau de mer ou du traitement des eaux usées, d'autant plus qu'elles ont également connu des revirements en France, où un mouvement de remunicipalisation des services de l'eau s'est amorcé au milieu des années 2000.

En 2008, 30 % de la population française bénéficiait d'une gestion publique de l'eau potable. Cette part est montée à 42 % en 2016[20]. Concernant l'assainissement collectif, la part de la gestion publique était de 48 % de la population française en 2008 ; elle a atteint 60 %[21] en 2016[22].

Achevée en 2010, la remunicipalisation des services de l'eau de Paris a marqué les esprits. « C'était un symbole, car Paris est la capitale du pays où l'on comptait le plus de délégations, explique Anne Le Strat. Cela a provoqué une déflagration et m'a d'ailleurs valu des haines tenaces chez Veolia ou Suez, car cette remunicipalisation leur a fait du mal à l'étranger. » Décidé par Bertrand Delanoë, ce retour en régie publique n'a été ni aisé à obtenir, ni simple à réaliser. Il a été piloté par Anne Le Strat, alors maire adjointe en charge de l'eau. « Le monde de l'eau est assez masculin et âgé, souvent peu ouvert aux questions environnementales, constate cette dernière. Personne ne pensait que Bertrand Delanoë oserait le faire. Nous, élus de la mairie de Paris, étions *personae non gratae*. J'ai été accusée d'antipatriotisme économique. Nous ne jouions pas le jeu du système. Je ne pensais pas que cela serait aussi dur. Je ne m'attendais pas à autant de blocages, même dans le monde de la recherche. J'aurais cru trouver plus d'alliés. »

Auparavant, la gestion des services de l'eau de Paris était divisée entre Suez (rive gauche) et Veolia (rive droite). « Au fur et à mesure, nous avons découvert des niches de surfacturation. En effet, ce sont souvent les filiales de ces multinationales qui posent les infrastructures, les tuyaux, etc. Les montants des travaux étaient surfacturés de 10 à 15 %. » Depuis, Eau de Paris a réalisé des économies par rapport à la gestion privée. Elle maîtrise désormais tout le processus technique. La prise de décision est devenue plus simple. Ces économies ont permis de décider une baisse du prix de l'eau de 8 % en 2011 et d'investir davantage[23]. « Tout l'argent récupéré est réinvesti, souligne Anne Le Strat. Un opérateur public n'est pas rivé au cours de la Bourse, il peut réfléchir sur le long terme. Aujourd'hui, le privé a des contraintes de financiarisation très fortes. Les multinationales ont en partie perdu la logique industrielle au profit de la logique financière. »

Au cours de notre enquête, il est apparu que le problème soulevé par une partie de la société civile n'était pas forcément la gestion privée de l'eau, mais le fait qu'elle soit confiée à des multinationales tenues de verser des dividendes égaux, voire supérieurs chaque année[24]. La remunicipalisation dépasse d'ailleurs largement le débat droite-gauche, des communes de droite ayant également choisi de gérer leur eau comme la ville de Nice.

Dans certains pays en développement, un État autoritaire, centralisé, voire corrompu, peut nuire à une gestion efficace de l'eau. Une part d'intérêts privés peut alors se révéler utile. C'est, en tout cas, le constat de l'association Gret à Madagascar, qui associe privé, public et associatif. L'association subventionne des entrepreneurs qui proposent des toilettes améliorées à bas coûts. L'objectif est de créer une entreprise sociale avec des franchises. L'association réfléchit à un modèle économique similaire pour la gestion de l'eau. « L'eau est un bien commun. Toutefois, des frais de traitement existent, indique Luc Arnaud, responsable du Gret à Madagascar. Le contrat doit vivre. Le privé veut gagner de l'argent et le public veut un service de qualité. À Madagascar, nous ne croyons plus à la gestion communale. Le maire récupère l'argent et il ne fait souvent rien. Dans ce pays, ce ne sont pas de grosses entreprises comme Suez et Veolia qui s'occupent de l'eau et l'assainissement. »

▸ **Luc Arnaud**, agronome de formation, a travaillé dans l'humanitaire au Soudan, en Somalie et en Mauritanie. Il est responsable du Gret à Madagascar, où certaines zones souffrent d'un manque d'eau, alors que d'autres en ont en abondance. La principale difficulté est le manque d'accès à une eau salubre. Le Gret est une ONG internationale de développement qui agit dans plus de 30 pays.

Face à ces arguments en faveur d'une gestion de l'eau sans lien avec les cours de la Bourse, Suez et Veolia se défendent. Nous avons demandé à Jean-Louis Chaussade, directeur général de Suez, s'il trouvait juste sa rémunération globale de 1 642 467 euros en 2016[25]. Certes, ce montant ne le classe pas parmi les dirigeants de multinationales les mieux rémunérés, mais certains l'estiment d'autant plus inacceptable qu'il s'agit de la gestion d'une ressource vitale. « Mon salaire représente quarante ans d'expérience dans le domaine de l'eau dans de nombreux pays. J'ai un parcours difficile. On rémunère le "talent", entre guillemets. Je trouve cela raisonnable et je ne crois pas que cela pèse sur le prix de l'eau. Le public a d'autres contraintes. Les hommes politiques doivent être réélus. L'eau est évidemment un bien commun. Nous avons mis en place des tarifications pour qu'elle soit accessible à tous. Affirmer que le prix de l'eau diminuera si les salaires des dirigeants sont plus faibles, c'est discutable. L'innovation est portée par les entreprises privées. Des pays font appel à elles car la maîtrise des processus techniques est parfois insuffisante localement. En Algérie, nous nous occupons de la distribution d'eau de la capitale depuis 2006. Nous gérons d'ailleurs une entreprise qui ne nous appartient pas, c'est particulier. Depuis dix ans, nous avons amélioré la distribution de l'eau à Alger. »

« Quand on choisit un mode de gestion, on n'est pas obligé de dénigrer les autres, ajoute Pierre Victoria, directeur du développement durable chez Veolia. Les élus sont libres de choisir leur modèle. L'entreprise peut œuvrer pour le bien commun. L'intérêt du grand groupe est la mutualisation. Nous revendiquons haut et fort de concourir au service public. La différence fondamentale entre les régies publiques et nous, c'est que nous avons un contrat. Un prix et des objectifs sont définis. Nous devons rendre des comptes. Nous sommes contrôlés. Je m'inscris résolument en faux contre l'idée qu'il y aurait collusion entre le public et le privé. C'est mal connaître le fonctionnement des collectivités locales. »

▸ **Pierre Victoria**, ancien député socialiste de 1991 à 1993, a été élu local et régional pendant douze ans. Il est aujourd'hui directeur du développement durable de Veolia, numéro un mondial de l'eau. En France, trois entreprises se partagent le marché de l'eau : Veolia, Suez et la Saur. « On ne travaille pas dans le domaine de l'eau par hasard, affirme-t-il. L'eau suscite énormément de passion. »

Les rapports de la Cour des comptes et ceux d'associations signalant des abus dans le monde de l'eau tendent à se multiplier. Surfacturations, conflits d'intérêts, lobbying politique : ces problèmes éthiques, dénoncés depuis de nombreuses années, ont-ils réellement perdu de leur importance ?

Nous avons posé la question à plusieurs spécialistes de ces sujets, dont Patrick du Fau de Lamothe, expert-comptable et militant associatif depuis des années pour une plus grande transparence des contrats publics. C'est lui, notamment, qui a permis le remboursement de 233 millions d'euros pour l'eau et 50 millions d'euros pour l'assainissement par la Lyonnaise des eaux (ex-Suez) à la communauté urbaine de Bordeaux. « Le remboursement d'une telle somme est énorme et unique, assure-t-il. Cela nous a pris douze années ! Nous avons été surpris par la façon dont un ensemble d'élus défendait les intérêts du privé, alors que ces intérêts étaient défavorables à ceux des usagers. Nous avons démontré assez facilement que la Lyonnaise des eaux nous faisait payer deux fois les compteurs, alors qu'elle n'en changeait qu'un. Cela fait partie des surfacturations de 233 millions d'euros. Les faits sont simples, pas besoin de douze ans ni d'être expert-comptable pour les établir. Le vrai problème, c'est la mauvaise foi, pour ne pas dire plus. »

▸ **Patrick du Fau de Lamothe**, expert-comptable, est membre de l'association Trans'cub et préside Arc'Eau, une association qui œuvre pour une plus grande transparence de l'exploitation de l'eau sur le bassin d'Arcachon. Il s'est spécialisé dans le décryptage des contrats entre collectivités locales et entreprises de l'eau.

Selon ce fin connaisseur, la situation s'est un peu améliorée, à la marge et ponctuellement. La loi Sapin, par exemple, a permis de réduire la durée des contrats. « Les méthodes sont les mêmes. Toutefois, la concurrence s'est intensifiée. Les remunicipalisations, dont celle de Paris, ont fait mal. Dans la plupart des cas, ce ne sont pas des enveloppes ou des valises qui sont échangées. Il s'agit d'un autre type de corruption, que j'appelle "calinothérapie des élus". Ce sont, par exemple, des week-ends et des repas offerts, des invitations au Lido. »

Jean-Luc Touly confirme : « Rien n'a changé. Avant, il y avait une boîte de chocolats pour l'agent de la mairie, des voyages dans les Dom-Tom pour d'autres mieux placés. Aujourd'hui, les entreprises sont plus économes. Les voyages ont été remplacés par des invitations à déjeuner. »

Ce défenseur de l'eau a récemment découvert des services non rendus payés par la commune de Wissous, en région parisienne. L'entretien de huit bassins de rétention d'eau pluviale était facturé chaque année à la commune, alors que Suez ne les entretenait pas tous. « Nous avons réclamé 967 000 euros correspondant aux entretiens facturés. » Interrogée sur ce dossier, Suez nous a adressé la réponse suivante : « Les facturations aux usagers sont conformes aux dispositions du contrat. Nous réfutons totalement l'idée selon laquelle des prestations non réalisées seraient facturées. »

Les affaires en cours ou déjà jugées impliquant les deux multinationales de l'eau ne manquent pas. Au Gabon, l'État a résilié son contrat avec Veolia. En Roumanie, une enquête a été ouverte pour des faits de trafic d'influence. Plus récemment encore, l'attribution douteuse d'un marché de gestion d'une station d'épuration en région parisienne a été révélée[26].

Veolia réfute le soupçon que surfacturations et autres procédés douteux pour obtenir des contrats soient légion dans le monde de l'eau. « Nous gérons 15 millions de factures, répond Pierre Victoria. Il peut y avoir des erreurs. Il n'y a pas plus d'affaires dans le secteur de l'eau que dans d'autres secteurs. Sauf que, dans l'eau, on ne pardonne rien. » Même réponse chez Suez : « Il n'y a pas de surfacturations, je le conteste, affirme Jean-Louis Chaussade. Nos contrats sont contrôlés. Nous publions un bilan annuel. Il faut arrêter de croire que nous passons notre temps à voler les usagers, c'est absurde ! Le prix moyen en France se situe entre 3 et 4 euros le mètre cube pour l'eau et l'assainissement : c'est largement en dessous des prix de l'Allemagne, de l'Angleterre ou de la Belgique. Je ne conteste pas que des erreurs soient parfois commises car nous avons 2 400 contrats en France. Cependant, croire que nous sommes de grands spécialistes de l'opacité et de la surfacturation, c'est faux. »

En France, en 2017, le prix moyen des services de l'eau et de l'assainissement était de 3,56 euros par mètre cube[27], soit au quatrième rang des pays les moins chers en Europe. Avec le système actuel, plus nous consommons de l'eau, plus un opérateur gagne d'argent. « Il faut parvenir dans certains endroits à ce que l'opérateur soit rémunéré en fonction de l'économie réalisée, reconnaît Pierre Victoria. La rareté de l'eau doit entrer dans le prix. »

Il est intéressant de noter qu'une eau payée plus chère ou une consommation mesurée par des compteurs n'entraîne pas forcément une baisse de la consommation. En Irlande, une réforme pour supprimer la gratuité de l'eau et de la pose de compteurs a déclenché d'importantes manifestations en 2014. L'eau peut être financée par l'impôt sans taxe afférente ni prise en compte de la consommation. « La consommation est plus ou moins la même, qu'il y ait un compteur par logement ou un seul pour l'ensemble de l'immeuble, écrit Pierre J. Hamel, professeur-chercheur au Canada. [...] Mieux encore, lorsqu'on mesure que la consommation globale n'a pas varié après l'installation de compteurs individuels : dans les immeubles où il n'y avait qu'un compteur collectif pour l'ensemble, l'installation de compteurs individuels ne conduit pas à une diminution de la consommation d'eau[28]. »

▸ **Pierre J. Hamel**, professeur chercheur à l'Institut national de la recherche scientifique (INRS) de Montréal, est spécialiste des questions liées aux finances publiques locales, aux infrastructures urbaines et aux services publics locaux. Auteur de plusieurs travaux sur les compteurs, il qualifie leur effet sur la consommation de « coup d'épée dans l'eau ».

Selon Patrick du Fau de Lamothe, les difficultés, en France, sont moins liées au prix qu'au taux de marge des multinationales et au manque d'investissement. « J'ai calculé qu'à Nîmes l'entreprise responsable de la gestion de l'eau réalise 12 % de marge, et 14,21 % à Bordeaux. C'est énorme ! L'eau est le seul secteur qui a sa propre méthodologie comptable. Dans certains cas, je trouve un gain de 38 000 euros, alors que l'entreprise, avec sa méthodologie, annonce une perte de 148 000 euros ! » Selon ce spécialiste, l'argent dégagé par ces marges excessives ou ces surfacturations pourrait servir à lutter contre la pollution de l'eau, ainsi qu'à investir dans le renouvellement des tuyaux. En France, le volume d'eau perdu à cause des fuites de réseau est d'un peu plus de 20 %[29] : sur 5 litres d'eau, 1 litre revient au milieu naturel. Sur l'ensemble du territoire, ces pertes représentent près d'un milliard de mètres cubes par an

– soit 1 000 milliards de litres –, avec de fortes disparités[30]. C'est l'équivalent de 267 000 piscines olympiques ! Les lieux avec une forte densité de population et peu étendus ont plus de facilité à payer le renouvellement des tuyaux.

Pourquoi est-il si compliqué de mettre fin à ces abus ? Quelles mesures prendre pour modifier cet état de fait qui dure depuis des années ?

Pour les petites communes, il n'est pas toujours facile de s'y retrouver. Christian Guilbert, maire adjoint de Pléven, en Bretagne, aurait préféré une gestion publique de la station d'épuration par roseaux. « Je n'ai pas réussi à convaincre, regrette-t-il. Le conseil municipal n'a pas osé. Il a redouté d'avoir trop de responsabilités et n'a pas voulu prendre de risque. »

Voilà pourquoi Jean-Luc Touly plaide pour la création d'une sorte de cabinet de formation et d'audits, financée par l'État, afin de conseiller les collectivités locales. « La plupart des gens ne connaissent pas ces sujets, déplore-t-il. C'est vrai que c'est très compliqué ! J'ai acquis ces compétences après quarante et un ans chez Veolia, et plus encore ces quinze dernières années. Un énorme travail de simplification des contrats doit être réalisé. Les mêmes abus se nichent dans deux ou trois pages au sein de très longs contrats. » Lors de notre enquête, cette idée de « cabinet » a été présentée comme une solution au Nord comme au Sud. À Madagascar, l'ONG Gret réfléchit à ce même type de formations et de conseils, afin d'impliquer davantage les communes dans le contrôle de la gestion.

D'autres mesures simples pourraient être mises en place, en commençant tout simplement par appliquer les lois existantes. « Les élus ont l'obligation de créer une commission de contrôles financiers. Dans 90 % des communes de France, cette commission n'existe pas, déplore Patrick du Fau de Lamothe. Quand on compare les différents modes de gestion, on s'aperçoit que les communes oublient systématiquement d'ajouter 500 000 à 600 000 euros par an [pour une ville de 150 000 habitants], une somme à consacrer aux contrôles, avec des techniciens qui vérifient. Le patrimoine de l'eau est surtout un patrimoine caché. Il est difficile de savoir si les travaux effectués l'ont été correctement. »

Autre point, maintes et maintes fois réclamé par les personnes interrogées : la création d'un régulateur national de l'eau. « Pour l'énergie, il existe un régulateur. Pour les télécommunications, il y a l'Arcep (Autorité de régulation des communications électroniques et des Postes). De même pour le transport ferroviaire. Pour l'eau et l'assainissement, il n'y a personne », regrette Patrick du Fau de Lamothe. « Il faut créer une instance nationale de régulation. Elle pourrait s'associer avec un cabinet indépendant qui formerait les élus et les associations, poursuit Jean-Luc Touly. Je ne suis pas anti-entreprises ou anti-multinationales. Mais je m'oppose à ces élus qui délèguent des services à une entreprise en oubliant de déléguer leurs indemnités. »

« En France, l'argent consacré à l'eau représente de 23 à 24 milliards euros [chiffre d'affaires des entreprises et des redevances compris], rappelle Marc Laimé. Malgré cette somme, il n'y a pas d'autorité publique. Il est particulièrement anormal que, pour une ressource aussi cruciale que l'eau, les plus hautes autorités de l'État soient dans l'incapacité de nous dire exactement combien l'eau représente au total, d'où vient l'argent et comment on utilise ces montants[31]. Ce n'est pas transparent ! »

« Les multinationales ont une pratique prédatrice, mais le principal scandale est l'incapacité des collectivités locales à exercer leur devoir de contrôle, souligne Marc Laimé. Il ne s'agit pas toujours de corruption, mais il y a souvent un problème d'incompétence, de méconnaissance et de poids des habitudes. Cet écosystème se compose d'élus, d'associations d'élus, de syndicats... Même le milieu de la recherche participe à cela. Il est trop simpliste d'affirmer que seules les entreprises sont concernées. Le monde de l'eau est un petit monde consanguin, très masculin, assez vieux, d'une centaine de personnes en France. »

Ce « petit monde » se retrouve au sein des multiples structures et syndicats de gestion de l'eau[32]. Dominique Voynet, ancienne ministre de l'Environnement et ex-maire de Montreuil, le confirme : « J'ai découvert, avant de le remercier, que mon directeur des travaux à Montreuil étaient cul et chemise avec Veolia. Ils allaient déjeuner dans des grands restaurants... Les élus ou les directeurs de travaux peuvent être perméables ou pas. Le lobby, ce n'est pas deux boîtes qui tirent les ficelles, c'est plus compliqué que ça. Les entreprises de l'eau sont des colosses aux mains d'argile. Elles ont du pouvoir parce qu'on croit qu'elles en ont... »

Ces liens entre élus et monde de l'eau peuvent se traduire par des allées et venues d'hommes politiques entre ces deux milieux. C'est ainsi que les multinationales de l'eau servent parfois d'abris temporaires à des élus en délicatesse avec le suffrage universel.

Mais l'influence de ces groupes ne s'arrête pas à la sphère politique. Les relations avec les associations sont très nombreuses, d'où le reproche récurrent – même dans l'humanitaire – d'un choix de modèle unique, de type occidental lucratif. Ces critiques sont légion, notamment à l'égard du Conseil mondial de l'eau, à Marseille. Cette structure organise le Forum mondial de l'eau et regroupe des ONG, des gouvernements, des organisations internationales et des entreprises en vue de résoudre les problèmes liés à l'eau dans le monde. Certains considèrent que ces prérogatives devraient être réservées à l'Onu et dénoncent des liens trop étroits avec Veolia et Suez. Guy Fradin, trésorier du Conseil mondial de l'eau, nous répond : « Les représentants de l'Onu – qui en fait partie – n'ont jamais demandé à reprendre les missions du Conseil de l'eau. Il a été créé par un consortium disparate. Des personnes qui travaillaient chez Suez et Veolia ont fait partie des fondateurs. C'est aussi pour cela que le Conseil se situe à Marseille. Depuis 2004, je n'ai jamais constaté de collusions, de prises de position en faveur de ces entreprises. »

▸ **Guy Fradin** est trésorier du Conseil mondial de l'eau. Ingénieur agronome et ingénieur des ponts, des eaux et des forêts, il a travaillé au sein des ministères de l'Agriculture et de l'Environnement. Il a également dirigé l'agence de l'eau de Seine-Normandie. Le Forum mondial de l'eau a lieu tous les trois ans. Sa mission est de sensibiliser, de renforcer l'engagement politique et d'impulser des actions sur les problèmes de l'eau.

Quelle eau boire ?

Nous n'imaginions pas, au début de cette enquête, qu'il serait si difficile de répondre à cette question. Pour l'alimentation, il est plus simple de s'y retrouver et de conseiller, études scientifiques à l'appui, des produits sans pesticides, labellisés « AB » par exemple. En revanche, on se gardera bien de préconiser telle eau plutôt que telle autre. Le mieux que l'on puisse faire est d'indiquer les informations relatives à chaque type d'eau. Il est d'ailleurs intéressant de constater comme chacun a son propre rapport à l'eau, un lien intime à cette ressource : certains boivent l'eau du robinet sans crainte, d'autres préfèrent l'eau en bouteille ou installent des appareils privatifs pour purifier l'eau…

En quelques dizaines d'années, notre rapport à l'eau a été bouleversé. On oublie souvent que nombre de nos grands-parents se servaient encore d'un puits dans le jardin. En 1954, en France, seuls 25 % des logements avaient l'eau courante et les WC[33]. « En Bretagne, l'eau d'un certain nombre de fontaines avait la réputation de soigner des maladies, raconte Gérard Borvon, militant écologiste et professeur de physique-chimie. L'expression populaire "c'est de l'eau de roche" désignait une fontaine aux vertus curatives, comme l'eau de Lourdes. Enfant, j'ai connu ces traditions. Et je les ai vues disparaître. Aujourd'hui, ces fontaines sont polluées par les nitrates. Ça me fait mal au cœur. L'eau d'une fontaine est très différente de l'eau du robinet, elle contient des micro-organismes vivants qui peuvent être très bénéfiques pour la flore intestinale. Ces bactéries de l'eau sont aérobies, elles vivent avec l'oxygène. Contrairement à une eau minérale en bouteille, il ne faut pas enfermer cette eau. Il faut la consommer vite car ces bactéries peuvent devenir des pathogènes. Pour rien au monde, les personnes âgées ne feraient leur pot-au-feu avec l'eau du robinet. Elles préfèrent aller chercher de l'eau à des fontaines qui ne sont pas encore polluées. »

Au cours des interviews que nous avons réalisées, plusieurs intervenants, de Dominique Voynet aux chercheurs, en passant par les associations, ont préconisé de boire de l'eau du robinet, tant d'un point de vue sanitaire et environnemental que budgétaire. L'eau en bouteille est en moyenne 65 fois plus chère que l'eau du robinet[34]. L'addition de chlore est nécessaire au transport de l'eau *via* ce million de kilomètres de tuyaux. Son goût est rarement apprécié, mais il permet de conserver une eau traitée sans pathogènes et d'éviter toute prolifération de bactéries lors de son acheminement ou lorsqu'elle stagne.

« D'un point de vue environnemental et du bilan carbone, il est préférable de boire l'eau du robinet plutôt que l'eau en bouteille, conseille Olivier Andrault, d'UFC-Que choisir, car on n'a pas à la transporter par camions ni à gérer les bouteilles en plastique. D'un point de vue sanitaire, mis à part le petit bémol sur les perturbateurs endocriniens, 96 % des consommateurs français ont accès à une eau de très bonne qualité sur plus d'une cinquantaine de critères. Les 4 % restants habitent souvent des petites collectivités dans des zones d'agriculture intensive. Ils peuvent se renseigner auprès de leur mairie ou sur la carte interactive d'UFC-Que choisir. Si l'eau a un petit goût de javel, il suffit de la conserver au réfrigérateur quelques heures, bouchon ouvert[35]. »

Reste le problème des perturbateurs endocriniens issus des résidus de pesticides et des médicaments, sans oublier la difficulté d'évaluer les effets cocktails des pollutions chimiques. La plus grande part de la pollution chimique est supprimée par des traitements, mais les perturbateurs endocriniens agissent à très faible dose. « Les effets sont perceptibles à très long terme, rappelle Yves Levi, spécialiste des liens entre santé et environnement. Des cancers peuvent se développer quarante ans plus tard à cause de perturbateurs endocriniens à très faible dose. Depuis la fin de la guerre, les cancers hormonaux n'ont cessé d'augmenter. » Et François Veillerette, de Générations Futures, d'avertir : « Les perturbateurs endocriniens peuvent être actifs à très faible dose. Cela dépend surtout de la période d'exposition. À une journée près, il y a des fenêtres de sensibilité plus fortes pour le fœtus. Cela peut déclencher des problèmes de métabolisme, de reproduction, d'autisme, des cancers, des difficultés d'apprentissage… »

L'eau, cependant, n'est qu'une source de pollution parmi d'autres. Elle ne doit pas faire oublier l'air et la nourriture. « Le niveau de pesticides dans l'eau est bien plus faible que dans l'alimentation, reconnaît François Veillerette. Dans l'alimentation issue de l'agriculture intensive, les taux peuvent être 100 000 fois plus élevés que dans l'eau. »

Contrairement à l'eau du robinet, les eaux minérales et les eaux de source ne peuvent être traitées si la source est polluée. La protection des ressources est donc essentielle. Une eau minérale doit avoir une composition stable dans le temps, ce qui n'est pas le cas de l'eau de source.

La principale critique formulée à l'encontre des eaux minérales est l'embouteillage en plastique. Les conséquences de la prolifération de plastique dans l'océan, nous l'avons vu, sont dramatiques. Et, dans le domaine du recyclage, d'importants progrès restent à réaliser. « Il faut collecter davantage, nous sommes d'accord, réplique Béatrice Adam, déléguée générale de la chambre syndicale des eaux minérales. Les embouteilleurs ont développé des actions pour généraliser le tri. La bouteille en verre est réservée au circuit de la restauration. Aujourd'hui, nous utilisons tous le même type de plastique, le PET [polytéréphtalate d'éthylène], car il facilite le recyclage. Le plastique peut être réutilisé en partie pour fabriquer de nouvelles bouteilles ou d'autres d'objets notamment textiles. »

▸ **Béatrice Adam** est déléguée générale de la chambre syndicale des eaux minérales. Cette structure regroupe les entreprises de l'industrie des eaux minérales naturelles en France, comme Nestlé, Évian ou Mont Roucous. Après l'avis du conseil départemental de l'environnement, l'autorisation d'exploiter une source d'eau minérale naturelle par une entreprise est accordée par arrêté préfectoral.

Un autre point est régulièrement soulevé : la présence de microparticules de plastiques et de perturbateurs endocriniens dans les eaux en bouteille. Phtalates et bisphénol A supprimés, d'autres perturbateurs endocriniens ont été découverts. Une étude américaine a recensé du plastique dans 93 % des échantillons analysées[36]. Une autre étude, en Allemagne, a montré que 13 des 18 échantillons d'eaux embouteillées présentaient une activité anti-œstrogénique significative[37]. En France, la Fédération nationale des eaux conditionnées et embouteillées (FNECE) remet en cause la validité de ces études scientifiques.

Afin de vanter le mérite de ces eaux minérales, les marques mettent en avant leur minéralisation riche en calcium ou en magnésium. « L'eau minérale est un très bon produit pur, affirme Béatrice Adam. Le consommateur est à la recherche de produits sains. Tout adulte en bonne santé peut boire de l'eau minérale naturelle tous les jours. » Affirmation contredite par d'autres spécialistes de l'eau : « Notre corps ne sait pas assimiler les minéraux de l'eau en bouteille, explique Jacques

Collin, auteur de plusieurs ouvrages sur l'eau. Nous ne sommes pas des végétaux, nous sommes des mammifères. L'homme assimile les minéraux dans les végétaux. Les marques d'eaux embouteillées s'appuient sur le fait que l'on ne retrouve pas de minéraux dans les urines pour affirmer que nous assimilons les minéraux. Au contraire, cela montre que nous les stockons et qu'ils nous encrassent. Nous pourrions assimiler les minéraux si nous buvions l'eau à la source, une eau vivante. Les eaux en bouteille sont des eaux mortes. »

▸ **Jacques Collin**, ingénieur, a travaillé une grande partie de sa carrière dans le pétrole, avant de changer de vie. Au départ simple vendeur de purificateurs et dynamiseurs d'eau, il est devenu spécialiste de l'eau et s'est intéressé aux travaux sur la mémoire de l'eau. Il a publié plusieurs ouvrages sur ce thème et donne des conférences. « Les premières cellules sont nées dans l'eau, rappelle-t-il. Boire de l'eau, c'est recevoir dans notre corps toute la connaissance de l'Univers sans le savoir. »

Selon ce spécialiste, il faudrait boire des eaux faiblement minéralisées, information figurant sur les étiquettes sous la mention « résidu à sec[38] ». La FNECE rejette ces arguments, études à l'appui[39] démontrant l'absorption du calcium et du magnésium. « Le problème est que toutes les études concluant à une bonne absorption des minéraux contenus dans l'eau de boisson sont financées par les vendeurs d'eaux minérales, et donc sujettes à caution, rétorque Marc Henry, chimiste. [...] Si l'on pouvait assimiler le calcium ou le magnésium contenu dans une eau dure (contenant beaucoup de calcaire), ce serait la fin des maladies comme l'ostéoporose, la coxarthrose ou les carences magnésiennes. De même, la consommation d'eau ferrugineuse devrait mettre fin à l'anémie. La pratique médicale ne semble donc pas confirmer ces affirmations. Le problème est [qu'il n'existe] pas d'études sérieuses ni aussi documentées que celles des vendeurs d'eaux minérales, en raison des coûts importants en recherche biologique et médicale. »

▸ **Marc Henry** est ingénieur-chimiste et enseignant-chercheur à l'université de Strasbourg. Il enseigne la chimie, la science des matériaux et la physique quantique. Il est également président de l'association Natur'Eau Quant.

Face à ces incertitudes, certains, notamment ceux qui valident les travaux scientifiques sur la mémoire de l'eau, choisissent d'installer chez eux des purificateurs[40]. Nous n'entrerons pas dans ce vaste et polémique débat. Les personnes qui se soignent par homéopathie, laquelle repose sur le principe de dilution, sont souvent intéressées par ces procédés. « L'eau est mémoire de tout, analyse Béatrice Milbert, médecin. Elle est mémoire par rapport aux polluants. Même si l'on ne trouve plus de molécules chimiques de polluants dans l'eau, elle a été en contact avec ces polluants, elle les garde en mémoire et peut les transmettre. C'est le même principe que celui de l'homéopathie. Même si l'eau du robinet est propre, elle peut garder la mémoire. L'eau est un support de mémoire. À la place des installations, il est possible chauffer ou de faire bouillir l'eau. Cela enlève toute trace de mémoire, quelle qu'elle soit. »

▸ **Béatrice Milbert** est médecin homéopathe, phytothérapeute, acupunctrice, spécialiste de la maladie de Lyme et de l'électro-hypersensibilité. « L'eau est un élément très particulier, explique-t-elle. L'arrangement des molécules, la façon dont elles se structurent la rendent unique. Je ne pense pas qu'il y ait un autre élément similaire. Nous sommes faits d'eau, de la naissance à la mort. Notre corps se déshydrate avec le temps. Vieillir, c'est se déshydrater. Plus on travaille sur l'eau, plus on approche de son mystère. L'eau est un corps que nous ignorons. »

Pour supprimer tous les résidus ou traces de pollution possibles, les simples carafes filtrantes[41] ne semblent pas très efficaces. D'autres installations, plus importantes et plus coûteuses, attirent de plus en plus de clients : les appareils d'osmose inverse[42]. Ce procédé de filtration par membranes est celui qui sert à dessaler l'eau de mer. D'autres préfèrent une filtration par charbon actif compressé. Ces techniques peuvent être utilisées à grande échelle pour traiter l'eau potable. Des modèles individuels existent également et sont de plus en prisés.

Sur le choix de l'eau à boire, les débats sont sans fin, voire très polémiques. Ces solutions restent individuelles et palliatives. Ne faudrait-il pas mieux aller plus loin et réfléchir à une autre façon de gérer l'eau collectivement, de manière plus locale et moins industrielle ?

L'eau, porteuse de solutions

L'eau est un élément qui ne peut se gérer que collectivement. Quelques solutions alternatives et individuelles peuvent être mises en place. Cependant, le traitement des eaux usées et l'eau potable demandent concertation, organisation et un minimum d'infrastructures.

A-t-on choisi le bon modèle en France ? Nous n'osons pas remettre en question notre façon d'acheminer l'eau. La transporter sans tuyaux serait pour le moins révolutionnaire !

La consommation d'eau domestique est peu significative par rapport à l'eau agricole. L'agriculture, en effet, consomme 90 % de l'eau dans le monde. Cet argument est régulièrement mis en avant pour minimiser notre impact sur l'eau. Lorsqu'on prend une douche trop longue, on se rassure bien souvent en se disant que l'eau repart dans les tuyaux et sera restituée au milieu naturel. Mais auparavant, cette eau aura parcouru de nombreux kilomètres, et la traiter demande de l'énergie, émet du CO_2 et participe donc au réchauffement climatique. Utiliser de l'eau potable comme moyen d'évacuation des excréments est loin d'être idéal, mais comment doubler le réseau – un potable et un autre non potable – sans installer des millions de kilomètres de tuyaux supplémentaires ? À Paris, cependant, deux réseaux existent ; le réseau non potable sert à nettoyer les rues ou à arroser certains jardins.

« Nous avons voulu considérer l'eau comme un objet de consommation courante, se désole

Mohamed Larbi Bouguerra. Il est affolant de constater que l'eau potable est utilisée pour la chasse d'eau. Aux États-Unis, à Denver, des toilettes séparatives et chimiques ont été installées. Le liquide part d'un côté, le solide de l'autre. Sans eau, le solide ne dégage pas d'odeur. La municipalité vient chercher les déchets. Quant à l'urine, elle peut être recyclée et contient un des fertilisants les plus intéressants. Certes, l'usage domestique est minime par rapport à l'agriculture. Néanmoins, ce rapport est symbolique. Supprimer l'eau dans les toilettes montrerait que nous avons conscience de l'importance de cet élément. »

Cette façon de gérer l'eau – avec plus d'un million de kilomètres de tuyaux – a été imaginée à une époque où l'environnement n'était pas une préoccupation. Au XIXe et au XXe siècles, ces réseaux d'égouts et de tuyaux ont permis aux villes de se développer. Paris ou Londres n'auraient jamais pu atteindre le million d'habitants sans cette gestion industrielle de l'eau.

Après la Seconde Guerre mondiale, l'industrialisation de l'eau s'est encore accélérée. « Je pense que le système que nous avons mis en place n'est pas le bon, affirme Anne Spiteri. Pour évacuer nos excréments, chaque chasse d'eau utilise 10 litres d'eau. Les excréments sont donc dilués. Pour un tout petit volume d'excréments, il faut donc traiter 10 litres d'eau. À l'échelle d'une ville, ce sont des cours d'eau que nous traitons, ce qui demande énormément d'énergie. Il faudrait des toilettes sèches. »

Anne Spiteri a imaginé une autre façon de gérer l'eau, un nouveau paradigme pour l'eau potable et l'assainissement. Dans nos pays, où les tuyaux sont déjà installés, le robinet serait dévolu à l'eau « grise », celle que l'on utilise pour l'hygiène corporelle et le lavage, et non pour la consommation. Pour ce dernier usage, des bidons d'eau seraient distribués. L'eau pour cuisiner représente 6 % des usages domestiques, et l'eau bue seulement 1 %[43]. Les toilettes seraient des toilettes sèches. « On supprime la principale source de pathogènes fécaux et la principale source de pollution organique, médicamenteuse et microbiologique des eaux que constitue le lisier humain », écrit Anne Spiteri sur son site[44]. Quant aux excréments, ils seraient récupérés en même temps que le dépôt des bidons d'eau potable. « Les eaux des nappes profondes seront donc réservées à la consommation, éventuellement après un traitement léger, écrit Anne Spiteri. L'eau consommable sera plus sûre et de bien meilleure qualité que l'eau potable actuelle. [...] [Ce système permettrait de créer] de l'emploi de proximité peu qualifié et de la visite pour les personnes âgées et handicapées. On retrouve ainsi l'antique lien social des bornes fontaines collectives : elles seraient ici des centres d'embouteillages, délocalisés dans chaque agglomération. Une occasion de réunir des êtres humains. [...] C'est très peu médiatisé, mais les systèmes actuels d'alimentation en eau potable et d'assainissement ne pourraient certainement pas supporter les baisses significatives de consommation d'eau prônées habituellement en responsabilisant les consommateurs comme la solution à la pénurie. Il est illusoire de penser que de simples économies d'eau, sans changer nos modèles d'alimentation en eau potable et d'assainissement, pourraient permettre de réduire la ponction dans les ressources naturelles. Car ces systèmes ont été conçus et dimensionnés pour consommer de l'eau sans restriction[45]. »

Cette chercheuse l'affirme : il faut changer de système et surtout ne pas l'exporter, car il ne serait pas adapté à de nombreux pays. Nos infrastructures, en effet, ont demandé énormément d'investissement et de temps : plus d'un siècle de construction, financée par les impôts puis par les agences de l'eau.

Sur le terrain, des associations inventent des modèles sans tuyaux pour acheminer l'eau. C'est le cas de l'association 1001fontaines, qui a créé une unité de purification d'eau par ultraviolet autonome grâce à des panneaux solaires. Les bonbonnes d'eau sont ensuite livrées. « Au lieu de construire une grosse usine pour la moitié du Cambodge, nous établissons des micro-usines village par village, afin de réduire les coûts de distribution, détaille François Jaquenoud, cofondateur de 1001fontaines. Ces micro-installations sont environ 20 fois moins chères qu'un petit réseau d'adduction. Pour que l'activité soit pérenne, une micro-entreprise est créée. Des villageois deviennent des entrepreneurs de l'eau. L'investissement initial est financé par des dons. Au Cambodge, l'eau est vendue un centime d'euro par litre. Certains de nos entrepreneurs sont tentés d'augmenter les prix, mais notre objectif est que le maximum de personnes puisse avoir accès à l'eau.» Une plateforme régionale vérifie la qualité de l'eau et épaule les entrepreneurs.

▸ **François Jaquenoud** est cofondateur de 1001fontaines, association qui permet à 200 entrepreneurs de produire localement de l'eau salubre pour 500 000 bénéficiaires au Cambodge et à Madagascar. Dans ce système, l'association paie l'entrepreneur pour livrer de l'eau saine dans les écoles du village où les stations sont implantées. Quelque 130 000 enfants sont concernés. «Le fait de boire de l'eau saine réduit de 75 % le taux d'absentéisme, se réjouit-il. Nous sommes plutôt fiers de cette réussite.»

Ibrahim Bah-Clozel, fondateur d'Eau de Mawa, est lui aussi en train de mettre en place un système de livraison de bonbonnes d'eau potable en Guinée. Une première dans ce pays où l'eau est pourtant abondante, mais où les habitants de la capitale, Conakry, ont des difficultés à s'approvisionner et achètent en nombre des sachets plastiques jetables de 300 millilitres. «J'ai vu le plastique envahir Conakry, raconte-t-il. C'est devenu ingérable. Le gouvernement n'a aucune solution alternative à proposer. C'est un problème environnemental et sanitaire. Je suis urologue, je connais le problème des perturbateurs endocriniens liés aux plastiques, surtout lorsqu'ils sont exposés à la chaleur. Notre idée est de proposer une solution sanitaire pérenne, avec zéro déchet. Ce système fonctionne en Colombie ou au Brésil. C'est l'équivalent de la bouteille de lait livrée dans les années 1950. Cela permettrait de réduire cette pollution, ainsi que celle qui, liée à la mauvaise qualité de l'eau, cause la mort de nombreux enfants en Afrique. »

▸ **Ibrahim Bah-Clozel**, urologue à Valence, est à l'origine du projet Eau de Mawa en Guinée-Conakry. Le forage a déjà été réalisé. Il est à la recherche de fonds pour construire une première usine. « Nous mettrons en place un système de nettoyage de bonbonnes, précise-t-il. L'eau prélevée est propre, elle subira un traitement à lampe UV. Sans tuyaux pour acheminer l'eau, nous n'avons donc pas besoin de chlore. » Ibrahim Bah-Clozel a pour objectif de créer un modèle rentable, afin d'inspirer d'autres entreprises et de faciliter l'accès à l'eau en Guinée.

Dans les pays où les infrastructures ont déjà été construites, les changements sont plus lents, mais des évolutions existent. La réutilisation des eaux usées après traitement se développe, tout comme la récupération des eaux pluviales. La moitié des Français est équipée ou envisage de s'équiper d'un réservoir pour collecter l'eau de pluie[46]. Des solutions collectives et écologiques pour gérer les eaux pluviales et usées de manière locale sont également expérimentées.

Dans les campagnes, nous avons supprimé les haies et les arbres. Dans les villes, le béton a remplacé les coins de verdure. Des constructions ont été autorisées dans des zones inondables. Résultat : l'eau ruisselle. Changement climatique oblige, les inondations risquent de se multiplier en France. « Nous gérons mal l'eau pluviale, constate Thierry Jacquet, gérant de Phytorestore. Nous sommes restés dans un "système du tout tuyau". Il faut ralentir l'eau et la garder. C'est une rupture violente. Pendant deux siècles, on s'est battu pour évacuer l'eau le plus vite possible. Désormais, il faudrait faire l'inverse et la réinfiltrer. Le changement va être difficile à réaliser. » À Paris, des mesures commencent à être prises : les cours d'école vont être « débitumées », afin que ces îlots de fraîcheur puissent absorber l'eau.

‣ **Thierry Jacquet** dirige la PME Phytorestore. Depuis 1990, il travaille sur les jardins filtrants. Architecte paysagiste, il explore des solutions écologiques par le biais des paysages (restauration des milieux par les plantes). Il exporte ses solutions à l'étranger, notamment en Chine, au Brésil ou encore au Maroc.

L'entreprise de Thierry Jacquet va jusqu'à recréer des zones humides au cœur des villes et multiplie les procédés innovants pour une gestion locale de l'eau. À Honfleur, la station d'épuration par jardins filtrants attire des visiteurs du monde entier. « Les jardins filtrants, c'est plus que de la simple filtration par roseaux. L'objectif est de créer des zones humides. Les jardins filtrants sont souvent des espaces où les visiteurs peuvent se promener et découvrir des collections végétales. Ils deviennent des conservatoires pour la biodiversité. »

Prenons l'exemple de l'aménagement du parc de Saint-Ouen, en région parisienne. « Ce parc récupère les eaux pluviales et une partie des eaux venues de la Seine utilisées pour le chauffage urbain du quartier, nous explique Julien Douesnard, paysagiste. Les jardins filtrants traitent cette eau. Ce sont les plantes choisies et les filtres qui dépolluent. L'eau arrive dans plusieurs couches de substrat : le compost, les cailloux... Elle est filtrée de façon horizontale et verticale. Cette eau de très bonne qualité est ensuite utilisée pour arroser les jardins partagés. »

L'eau qui repart dans la Seine est elle aussi dépolluée par les jardins filtrants. En cas de pluies abondantes, elle est absorbée par les jardins. En cas de crue, une zone peut même être inondée. Grâce aux jardins filtrants, l'eau est traitée et assainie localement, contrairement au système actuel qui achemine les eaux usées par tuyaux vers les stations d'épuration. « Nous essayons d'avoir le cycle le plus local possible, poursuit Julien Douesnard. Nous récupérons l'eau sur place, nous ne la rejetons pas dans les réseaux. Le but est le suivant : si l'eau tombe à tel endroit, elle doit être dépolluée à cet endroit. Ce n'est pas un déchet à évacuer, mais une ressource paysagère et écologique utile pour l'arrosage. »

▸ **Julien Douesnard**, ingénieur en environnement et paysagiste, travaille pour Phytorestore depuis 2014. L'eau est au cœur des projets dont il s'occupe. « Nous sommes encore peu nombreux à travailler sur ces sujets, confie-t-il. Ces projets sont en train de se développer. Ils sont de plus en plus subventionnés par les agences de l'eau. »

Les jardins filtrants sont des lieux conçus pour dépolluer. Les plantes locales sont privilégiées. « Il faut recréer des zones exceptionnelles, des zones humides, conseille Thierry Jacquet. Pour traiter la grosse masse de la pollution, la solution des usines physico-chimiques est parfois encore indispensable. Mais il est possible de combiner les solutions. Techniquement, les jardins filtrants ne servent pas qu'à traiter les eaux. C'est une solution écologique. Or seuls les écosystèmes savent réparer complètement les molécules. La qualité de l'eau est également différente. Elle est riche en oxygène. Il ne faut pas raisonner uniquement en termes de concentration chimique. Après avoir été dépolluée, l'eau a besoin de repasser par une étape écologique pour redevenir vivante, avec des bactéries oxydantes. Une eau vivante n'est pas une eau simplement dépolluée. Dans une rivière, une eau en bon état écologique n'est pas une eau stérile, mais une eau qui contient des bactéries oxygénantes et des micro-organismes. Je n'ai aucun doute qu'après chaque station d'épuration, on devrait imposer des zones humides et des écosystèmes naturels. »

Ces jardins filtrants ne permettent donc pas seulement de traiter les eaux usées. À Nanterre, au parc du Chemin-de-l'Île, ils ont permis de recréer de la biodiversité. De nouvelles espèces de grenouilles et de plantes en voie de disparition en Île-de-France y ont été répertoriées. Ces techniques sont aussi utilisées à l'étranger pour dépolluer des sites ou même restaurer des zones écologiques dévastées.

Ces systèmes peuvent être aménagés à l'échelle d'un écoquartier, d'un immeuble en ville ou d'un hameau à la campagne. Certains regrettent que, dans les écoquartiers, l'eau ne soit pas suffisamment prise en compte. « Nous suivons encore une logique de réseau et d'industrie, détaille Thierry Jacquet. En France, je ne pense pas qu'un écoquartier traitant les eaux usées ait déjà vu le jour. Dans les écoquartiers, la gestion de l'eau est traitée de façon très légère. Nous avons beaucoup de mal à réaliser des boucles écologiques à l'échelle d'un quartier. Il faudrait changer d'échelle et arrêter de déplacer l'eau. Nous avons commencé à le faire pour des bureaux. Dans certains immeubles, nous avons créé un réseau indépendant. Les eaux grises, c'est-à-dire des eaux faiblement polluées, sont traitées et utilisées pour la chasse d'eau, les eaux de lavage ou les eaux techniques. On nous demande souvent de teinter cette eau, afin de ne pas la confondre avec de l'eau potable. Nous pouvons débrancher un immeuble du réseau pour les eaux usées, mais pas pour l'eau potable. Il serait possible de produire localement l'eau potable. Nous l'avons mis en place au sein d'installations touristiques à l'île Maurice. »

En termes de réglementation, en France, réaliser soi-même son eau potable n'est pas possible. Il faut être branché sur le réseau d'eau potable. Pour les eaux usées, il faut obtenir une dérogation soumise au plan local d'urbanisme. Les eaux usées peuvent être réutilisées en agriculture, sous certaines conditions. Dans ce domaine, des vides juridiques existent. La France est particulièrement frileuse concernant ces nouveautés.

Une autre gestion de l'eau pourrait donc permettre de restaurer des milieux naturels et de créer des liens plus harmonieux entre usagers de l'eau d'un même territoire. Grâce à ces nouvelles formes de gestion, l'eau pourrait être porteuse de solutions, afin d'unir les hommes. Pour ouvrir de nouvelles perspectives, certains spécialistes misent, eux, sur la composition même de l'eau. En apparence très simples, ses molécules ne seraient pas assez étudiées. Sur Internet, l'eau nourrit toutes sortes de fantasmes. Certains voient en elle une nouvelle source d'énergie. Des travaux pointus et prometteurs explorent de nouvelles pistes[47]. Ainsi, l'eau permet déjà de doper certains moteurs, dont elle n'est pas la source d'énergie mais le vecteur[48]. De tels moteurs, moins polluants, consomment de 5 à 30 %[49] de carburant en moins. Or ces pistes seraient trop peu explorées par les constructeurs de voitures. L'eau pourrait nous réserver encore de belles surprises.

Conclusion

En nous engageant dans cette enquête, nous savions que l'agriculture intensive avait un impact néfaste sur l'eau. Mais nous n'avions pas soupçonné un rôle si prépondérant, notamment en comparaison des autres sources de pollution. Il sera difficile d'échapper à un changement radical des modes de production, si l'on décide enfin de préserver cet élément vital.

Lors des entretiens réalisés avec les spécialistes, un autre point nous a marqués : certaines informations sont particulièrement complexes à trouver et à vérifier, la société civile n'ayant pas réalisé de travail de concertation sur cette thématique pourtant capitale. Chacune de nos enquêtes nous confronte à des informations contradictoires. Dans le domaine de l'eau, cependant, il est fréquent que des acteurs défendant des causes communes disposent d'informations différentes. Sans être forcément en désaccord, ils ne se sont pas rencontrés et n'ont pas échangé.

Au sein des ministères comme dans la société civile, l'eau est rarement considérée dans sa globalité. Le ministère de l'Environnement gère les ressources, le ministère de la Santé l'eau potable. De nombreuses personnes interrogées regrettent d'ailleurs qu'il n'existe pas en France de grande association indépendante qui traiterait des différents aspects de l'eau : pollution, gestion privée ou publique, difficultés d'accès…

L'eau est inégalement répartie sur la planète et reste, avant tout, une ressource à gérer localement. Or, nous essayons trop souvent d'imposer une solution unique, telle que le dessalement de l'eau de mer ou le goutte-à-goutte.

Selon Pierre Rabhi, notre rapport à l'eau doit changer, afin de modifier notre gestion et notre consommation de l'eau. Cette gestion ne peut être que collective. Au lieu de diviser, l'eau pourrait être un magnifique prétexte à la convivialité et à la coopération. Plus que tout autre élément, elle demande concertation, partage et certainement un peu plus d'émerveillement…

Chiffres clés

- Depuis 250 ans, l'acidité de l'océan a grimpé de 30 %.
- Depuis 1945, 20 % des récifs coralliens ont disparu ; 35 % pourraient disparaître d'ici à 2050.
- 5 250 milliards de particules de plastique flottent à la surface de l'océan, soit 268 940 tonnes.
- 90 % des oiseaux de mer ont ingurgité du plastique.
- Les populations d'animaux marins ont chuté de 49 % entre 1970 et 2012.
- En mer Méditerranée, près de 90 % des espèces de poissons sont surexploitées ou à la limite de la surexploitation.
- L'agriculture intensive est de loin la première cause de l'apport d'azote à l'origine des algues vertes invasives, à plus de 90 %.
- En Bretagne, la production de porcs atteignait 13 359 218 en 2017.
- En France, les pesticides sont présents dans la quasi-totalité des cours d'eau et des eaux souterraines.
- 80 % des eaux usées à travers le monde sont rejetées sans traitement.

• Au niveau mondial, l'agriculture consomme 90 % de l'eau.

• Sur le territoire français, entre 1970 et 2000, la surface irriguée a triplé.

• Les pratiques agroécologiques permettent de multiplier de 5 à 10 fois la capacité de rétention d'eau des sols.

• 30 % de la population mondiale n'a pas accès à une eau salubre.

• La diarrhée causée par un accès à une eau de mauvaise qualité tue annuellement dans le monde environ 361 000 enfants de moins de cinq ans, soit près de 1 000 enfants par jour.

• 2,8 millions de Français ont au robinet une eau polluée notamment par les pesticides, les nitrates ou le plomb, soit 4 % de la population.

• En France, les dépenses supplémentaires générées par ces pollutions d'excès d'azote et de pesticides oscilleraient entre 1 005 et 1 525 millions d'euros par an, dont 640 à 1 140 millions répercutés sur la facture d'eau.

• Dans les milieux aquatiques, les coûts d'élimination de l'azote et des pesticides sont compris entre 54 et 91 milliards d'euros pour les eaux de surface, entre 522 et 847 milliards d'euros pour les eaux souterraines. Ces sommes gigantesques représentent plus de trois fois les ressources annuelles de l'État français.

• Afin de produire de l'eau potable, le préventif peut coûter jusqu'à 87 fois moins cher que le curatif.

• Les consommateurs français paient 88 % de la redevance pollution et 70 % de la redevance prélèvement.

Entretien avec Pierre Rabhi

JULIETTE DUQUESNE. — *Que vous inspire l'« état des lieux » de l'eau, cet élément vital ?*

PIERRE RABHI. — C'est pire que ce que j'imaginais. Si, avec toutes ces données, toutes ces informations fournies par des spécialistes, la conscience collective ne se réveille pas, c'est à désespérer !

— *Que vous inspire l'océan, à l'origine du surnom de notre terre, la planète bleue ?*

— L'océan est grandiose. Les mers sont grandioses. C'est un continent, un univers à part entière, un monde vivant global qui abrite sa propre faune et sa propre flore. Il abrite une richesse extraordinaire, avec une harmonie, une symphonie entre les espèces. L'océan fonctionne sur le principe d'une vie collective planétaire. Avec ses vagues, ses tempêtes, l'océan nous montre sa vitalité lorsqu'il s'éveille.

L'océan est magnifique. Je suis né dans le désert minéral. L'océan est un désert aqueux. Quand je vois cette vastitude, je trouve cela tout simplement beau, mais je ne peux pas m'empêcher de penser au mal que l'on fait à l'océan. Je contemple cette majesté, mais en même temps je regrette que nous n'ayons pas compris qu'il ne fallait pas détruire l'océan.

Cette vastitude et ce désert aqueux me plongent dans un grand mystère. Ce mystère me fait ressentir du silence à l'état pur. Cette sensation apaise notamment mes pensées. Je vibre intérieurement, j'admire cette beauté. Cependant, ces beautés mêlées à ma conscience font que je suis encore plus affecté par le fait que l'océan soit abîmé. L'océan fait partie du mystère. C'est même un océan de mystère que nous ignorons. Nous percevons l'océan avec les moyens à notre disposition. Mais percevons-nous vraiment le réel ? Il y a une différence entre la réalité et ce que nous percevons. Il me semble que nous ne sommes pas en mesure de percevoir une partie du réel.

L'océan nous dépasse très largement. C'est tellement grandiose que je ne peux pas le décrire. Quand je regarde l'océan, le langage ne peut pas vraiment exprimer ce que je ressens. Je peux me perdre en représentations mentales de toutes sortes. Je ressens un apaisement proche de celui que je ressentais dans mon grand océan de sable : un vide, un vide habité. Je ne peux rien en dire d'autre.

Dans nos vies quotidiennes, nous oublions l'océan. C'est un infini où l'impact humain n'est pas visible immédiatement. Nous oublions l'océan par ignorance travestie en savoir. Dans la science, il y a beaucoup d'ignorance. Les grands esprits comme Albert Einstein savaient très bien qu'une autre intelligence existait. J'aime beaucoup Albert Einstein car il s'est fait photographier en tirant la langue. Ce geste en dit bien plus que n'importe quel discours. Il ne pensait pas avoir la science infuse. Aussi loin que peut aller la science, elle est toujours plongée dans un bain d'ignorance, quelle que soit sa dimension. Nous sommes des ignorants qui essayons de savoir des choses. Mais nous n'en savons que des bribes. Nous ne nous connaissons même pas nous-mêmes. Comment connaître l'océan ?

— *On trouve du plastique dans l'océan, de l'Antarctique aux profondeurs des plaines abyssales, à plus de 5 000 mètres de profondeur. Quelle est votre réaction à cette invasion ?*

— Il n'y aurait pas de plastique s'il n'y avait pas de pétrole. Le plastique est une des conséquences du pétrole. Pendant des siècles, l'humanité s'est parfaitement passée du pétrole. Puis, nous sommes entrés dans cette ère de la combustion énergétique. Le pétrole a permis de faire fonctionner les machines. La recherche a abouti à la production de produits multiples et complexes, tels que le plastique. La question est de savoir : avoir découvert le pétrole fut-il une bonne chose ? Toute la question est là. Cette invasion du pétrole est si vaste qu'elle se retrouve dans l'océan avec les « continents de plastique ». Cette intrusion est totalement négative car elle modifie complètement la matière elle-même.

Quand j'étais dans mon oasis, ma grand-mère avait perçu d'instinct cet aspect négatif du pétrole. Elle l'appelait le « pus de la terre » et préconisait de ne pas l'exhumer. Elle avait pressenti les dangers de cette modernité liée au pétrole. Cette prédiction suscitait des sourires condescendants. Il a fallu du temps pour que nous nous apercevions qu'il s'agissait bien d'une prophétie et non d'une sentence naïve.

— La biodiversité marine a régressé de 49 % entre 1970 et 2012. Des pesticides ont été retrouvés jusque dans la graisse des baleines. Cette information vous étonne-t-elle ?

— La « modernité technico-scientifique » a fait entrer l'humanité dans un paradigme inédit depuis les origines. La capacité de nuisance de l'être humain sur la nature a augmenté avec cette modernité. Quoique non spécialiste, je peux tout à fait comprendre que les produits que nous introduisons dans la chaîne de la vie sont véhiculés par les courants marins, les ruisseaux, etc. C'est dramatique de trouver des pesticides dans la graisse des baleines. Jamais, au grand jamais, la planète n'a été autant modifiée dans son métabolisme global. Le drame est que ces substances se généralisent à travers l'océan. Elles deviennent planétaires et ne sont pas circonscrites à un lieu. Nous avons mis en route un processus totalement inédit dont nous n'avons pas prévu les conséquences. Nous nous rendons compte aujourd'hui que neutraliser ce processus est très difficile. Science et ignorance ont évolué ensemble. On pourrait même dire qu'il y a une science qui est ignorante, en particulier celle qui s'est entièrement vouée au mal et à la destruction.

— *Ces cinquante dernières années, nous avons vidé en partie l'océan de ses poissons, notamment à cause de la surpêche. Comment qualifier ce comportement ?*

— C'est très inquiétant ! J'invite toute personne soucieuse de ces questions à lire le livre de Henry Fairfield Osborn, *La Planète au pillage*[1]. Cet essai a été salué par Albert Einstein, Aldous Huxley et bien d'autres… Au lieu de nous comporter comme des gestionnaires d'un bien précieux, des intendants éclairés et soucieux de la continuité de l'avenir, nous avons un comportement de pillards vis-à-vis de cette magnifique planète.

Afin de justifier ce pillage, la surpopulation est souvent invoquée. Mais je ne suis pas d'accord. C'est un leurre. Parmi ces milliards de personnes, il faut savoir qu'un cinquième de l'humanité surconsomme pendant que d'autres sous-consomment, au point qu'ils ne peuvent même pas manger pour survivre. La faim dans le monde est une réalité, mais elle n'est pas due à l'augmentation de la population[2].

Aujourd'hui, la pêche est devenue un pillage réalisé avec des moyens tragiquement efficaces, tels que les filets dérivants. La technologie permet un pillage généralisé, au lieu d'un prélèvement limité. La technologie sert à accroître l'efficacité de la malfaisance humaine.

Il faut arrêter cette pulsion du « toujours plus » : les pulsions d'une humanité pillarde. Les poissons sont parmi les ressources impactées. Nous ne posons aucune limite.

L'humanité ne se rend absolument pas compte des privilèges dont elle jouit. La planète nous offre tout. Mais le degré d'évolution des consciences est tellement bas que cela ne change pas. Nous restons dans cette logique du « toujours plus ». Nous sommes la plus grande catastrophe naturelle pour la planète. Nous sommes dans une forme d'infantilité, sans l'innocence.

— *Comme l'a montré notre enquête, l'agriculture intensive est la principale source de pollution et de consommation de l'eau. Vous aviez perçu les effets néfastes de cette façon de produire dès les années 1960, je ne vous apprends donc rien…*

— L'agriculture industrielle est une aberration radicale et totale. Cela devrait être réformé au plus vite. Quand on calcule la quantité d'eau nécessaire pour irriguer du maïs destiné aux animaux, afin que nous puissions manger des protéines animales en énorme quantité, c'est démentiel ! Il est juste d'irriguer pour produire des denrées destinées à notre alimentation, mais aujourd'hui on est passé de « gagner son pain » à « gagner son bifteck ». À partir du moment où la protéine animale est entrée dans le menu quotidien des sociétés dites prospères, l'agriculture intensive et industrielle a pris énormément d'extension.

Dans les années 1980, les paysans africains ont dû produire des céréales et des protéagineux pour nourrir les animaux d'élevage de nos pays, au lieu de produire leur propre nourriture. Ce détournement a augmenté le nombre de personnes souffrant de la faim.

Nous sommes dans la phase où l'être humain, catastrophe écologique majeure, modifie tous les fonctionnements et aboutit à détruire ce à quoi il doit la vie.

— *Treize millions de porcs sont élevés chaque année en Bretagne. Certes, nous sommes parvenus à réduire le taux de nitrates dans les cours d'eau, notamment en installant des stations d'épuration au sein des exploitations, mais les élevages sont toujours aussi intensifs. Dans les Deux-Sèvres, afin de continuer à produire du maïs irrigué, on envisage de fabriquer des bassines. Peut-on arrêter de polluer et de prélever autant d'eau sans changer de modèle agricole ?*

— C'est de l'acharnement thérapeutique sur un système moribond. On tourne en rond. Si on ne résout pas le problème à la source, si on ne s'en prend pas aux causes, nous ne changerons rien. Nous ne pouvons pas être à jamais des pompiers pyromanes. C'est aussi stupide que d'éponger l'eau qui inonde votre salle de bains sans fermer les robinets. Jamais l'état des lieux indispensable à la compréhension de la problématique n'est réalisé ; c'est ce que nous contribuons à faire avec nos « carnets d'alerte ».

Il est insensé de provoquer les problèmes, d'apporter les solutions, puis de continuer à provoquer des problèmes. C'est sans limite! Il faut changer les pratiques à la base même. Il ne faut pas composer avec les anomalies. La loi devrait les interdire. Mais les consciences ne sont pas encore assez éveillées. Le système fonctionne avec des profiteurs, lesquels manipulent des imbéciles. Certains n'ont pas envie que cela change. Les déséquilibres leur permettent de continuer à s'enrichir.

— *Le grand public a compris que la généralisation de l'agroécologie permettrait de réduire l'emploi des pesticides et de protéger la terre d'un certain nombre de dangers, mais il me semble que l'impact sur l'eau est moins connu. En Afrique, vous avez mis en œuvre des techniques agricoles efficaces, même dans des zones semi-arides. Pourriez-vous nous éclairer sur ce point?*

— Au Sahel, des zones sont en voie de désertification, à cause du déboisement visant à alimenter en combustible des villes en extension continue. À cela, il faut ajouter l'augmentation du cheptel et, désormais, le réchauffement climatique. Les sols dévitalisés sont des sols qui n'ont pas d'humus. Ils sont privés d'éléments vitalisants. Quand l'eau tombe, elle n'est pas absorbée, ce qui aggrave l'érosion des sols. Si les paysans se tournent vers l'agriculture écologique, les sols sont fertilisés par la transformation des déchets. Les agriculteurs produisent du compost. Cette matière humique et vitalisante est un fertilisant bactérien qui a une capacité de rétention d'eau très importante.

Prenons du compost desséché et mettons-le sous un robinet qui goutte. L'expérience montre que le compost est capable de retenir trois à quatre fois son volume en eau. Dans le sol, cette matière agit comme une éponge. L'humus absorbe l'eau et la retient. Ce rôle est éminent : il permet d'économiser l'eau pour la mettre à disposition des plantes.

Si je peux être fier d'une réalisation dans ma vie, c'est bien d'avoir fait cette expérience sahélienne dans les années 1980. La vie était en train de disparaître. Nous avons reverdi des zones, notamment en gérant mieux l'eau pluviale. Pour remédier à l'érosion des sols, des travaux spécifiques antiérosifs font partie des grandes interventions en agroécologie. Cela se fait avec des diguettes, des microbarrages, des digues filtrantes, etc. Si ces aménagements sont réalisés, l'eau est gardée, au lieu de ruisseler et d'emporter la terre. Sans ces aménagements, la pluie fait plus de dégâts que de bien. Avec ces systèmes d'aménagement, tels que les diguettes ou les demi-lunes, l'eau tombée du ciel est piégée dans des cuvettes, elle s'infiltre dans la terre et la nappe phréatique. On profite de ces diguettes ou de ces demi-lunes pour planter du maïs ou du mil. Non seulement ces céréales bénéficient de l'eau du ciel ainsi piégée, mais les cultures, grâce à leurs racines, concourent à la régénération du sol et à recharger les nappes phréatiques.

J'ai reçu de nombreux éloges de paysans dont les récoltes avaient augmenté grâce aux techniques agroécologiques. En 2015, je suis retourné au

Burkina Faso, où ce que j'ai proposé continue de se répandre, grâce notamment à l'association Terre et Humanisme. À l'époque, les résultats étaient si probants que j'ai été convoqué par Thomas Sankara, président du Burkina Faso. Il m'a proposé de devenir ministre de l'Agriculture. Si Thomas Sankara n'avait pas été assassiné en 1987, le Burkina Faso aurait été le premier pays au monde à choisir l'agroécologie comme politique agricole nationale. Avec le fonds de dotation qui porte mon nom, ma volonté est de créer des villages écologiques. Je voudrais que les paysans soient payés pour reboiser et pour veiller sur leurs arbres. Nous organiserions aussi la lutte contre l'érosion des sols et la gestion de l'eau. Avant de disparaître, je voudrais vraiment réaliser un village totalement écologique, avec des enfants, des femmes et des hommes.

— *Vous êtes engagé depuis tant d'années. Pourquoi les progrès sont-ils aussi lents ?*

— À cause de l'imbécillité généralisée, de l'obsession du profit à tout prix et de l'égoïsme des nantis, peu importe les conséquences. En fait, l'humanité n'est pas évoluée. Elle est plus préoccupée de bien tuer. Je ne suis ni optimiste ni pessimiste. Georges Bernanos disait, dans ses *Écrits de combat* : « L'optimiste est un imbécile heureux, le pessimiste un imbécile malheureux. » Je suis convaincu depuis longtemps que, pour obtenir un changement de société, il faut un changement humain. Ce n'est pas en rafistolant le système à coups de réunions internationales que nous y parviendrons. Cela ne mène à rien.

Si l'être humain lui-même ne change pas, rien ne changera. Il ne suffit pas de manger bio, je ne cesse de le répéter. La racine du problème est l'être humain lui-même. L'être humain doit se réformer dans sa posture, dans sa vision du monde. Comment peut-il se réformer ? Commençons par éduquer les enfants autrement. Commençons par faire de l'école un lieu de fraternité, de convivialité et d'émulation positive, et non un lieu de compétitivité. Le féminin et le masculin doivent également s'équilibrer. Si l'être humain n'est pas impliqué dans son changement, je ne vois pas comment changer le monde. Je ne présente pas l'agroécologie comme une technique, mais comme une philosophie, un art de vivre et une reconnaissance à la vie.

— *Quelle eau utilisez-vous pour irriguer vos terres ?*

— En Ardèche, j'ai un récupérateur d'eau de pluie pour arroser mes arbres et irriguer mes terres. Je n'ai pas du tout besoin de prendre de l'eau du robinet, à aucun moment de l'année. J'ai deux réservoirs de 120 et 130 mètres cubes.

Ces pratiques devraient être étendues et encouragées. L'eau de pluie peut être abondante. Elle doit d'abord servir à recharger les nappes phréatiques et à faire vivre les végétaux. Cependant, il est possible d'en récupérer une partie afin de privilégier une gestion locale et non industrielle de l'eau.

Au quotidien, je fais attention à l'eau. Je suis parfois ulcéré de devoir tirer la chasse d'eau. C'est vraiment aberrant et terrible !

— *À cause d'une consommation excessive, dans certaines zones comme la ville du Cap, en Afrique du Sud, des habitants pourraient manquer d'eau. Qu'en pensez-vous ?*

— Nous disposons de ressources bien supérieures à ce que la terre elle-même peut générer. Des espèces de castes vivent dans l'hyperconsommation, au détriment des autres. On en arrive à dessaler l'eau de mer pour satisfaire des besoins. Cela montre bien l'inintelligence humaine. Les êtres humains s'accaparent les ressources de la planète sans se soucier des conséquences. Chaque génération se dit : après moi, le déluge… Il est indispensable que les États imposent des réglementations sur l'usage du bien commun, afin ne pas le dilapider, dans un souci de partage équitable.

— *Quelque 2,1 milliards de personnes, soit 30 % de la population mondiale, n'ont toujours pas accès à une eau salubre. Vous avez connu ces situations dans votre vie, que ce soit enfant, en Algérie, ou dans vos multiples périples en Afrique. Quelle est votre analyse de cet inégal accès à l'eau ?*

— Alors qu'en Afrique des millions de femmes quêtent l'eau, en Occident nous nous permettons d'évacuer les excréments avec de l'eau potable. Il y a deux conditions asymétriques d'accès à l'eau. Je constate l'extravagance de ces disparités. Certains profanent et gaspillent l'eau par inconscience.

L'eau, en tant que substance indispensable à la survie, doit être gérée collectivement. Il faudrait mettre en place des règles d'usage, avec un cahier des charges et un règlement, et poser des limites équitables entre ceux qui abusent de la denrée au détriment de ceux qui n'y ont pas accès.

L'eau n'a pas de prix. Il me semble normal que soit rétribué le travail effectué en amont de l'usage : les travaux, les tuyaux, l'installation des pompes... Mais il ne faut pas arriver au résultat injuste qui consiste à dire : « J'ai beaucoup d'argent. Par conséquent, je peux consommer plus que les autres. » Il est nécessaire d'établir des quotas équitables que l'argent ne puisse pas déterminer.

L'eau doit être accessible à tout être humain et à toute créature vivante. Né dans le désert, je savoure un verre d'eau comme un grand cru. Il y a des eaux savoureuses, avec des goûts différents. Encore faut-il être attentif à cette saveur. Nous avons désappris le goût subtil de l'eau. Quand je prends une douche, je sens l'impact de l'eau sur mon corps. Mon corps est en fusion, je ressens une sorte de gratitude. C'est un privilège. Je suis sensible à l'eau. Il est indispensable d'apprendre à ne pas en abuser.

— *Quel était votre rapport à l'eau, en Algérie, dans votre enfance ?*

— Nous vivions dans un grand désert desséché. L'eau, par sa rareté, prenait un caractère précieux. Grâce à l'eau, des oasis ont pu être créées. Nous nous en sommes servis pour irriguer les plantes et pour l'usage domestique. Je vivais dans le pays de la soif. Nous savions que l'eau était vitale, ça n'a rien à voir avec ici ! Mon père a pu creuser un puits. Par chance, il n'a pas eu à creuser très profond. L'eau était propre, elle sortait des rochers, elle était pure, il fallait faire attention à sa conservation. L'eau était si vitale qu'elle était sacrée. Nous ne la gaspillions pas. Lorsque nous buvions de l'eau douce, nous rendions grâce à Dieu. Ce n'était pas un dû. C'était un privilège et un luxe de pouvoir boire de l'eau douce. Ce diamant liquide est bien plus précieux que tous les diamants de la planète. Nous avions un rapport sacré à l'eau. Nous considérions que l'eau était ce que Dieu pouvait nous offrir de meilleur. Offrir de l'eau fraîche était le premier geste pour accueillir un invité avec hospitalité. Dans le monde des nantis, ce geste s'est complètement banalisé. On offre plutôt du vin. Proposer de l'eau est très banal, alors que, chez nous, c'était une belle offrande, une offrande de vie. Les mœurs sont très différentes.

— La gestion industrielle de l'eau domestique est apparue avec le poids grandissant des villes. Elles n'auraient jamais pu croître sans gestion de l'eau ni infrastructures. Afin de revenir à une gestion plus locale de l'eau, faut-il diminuer la taille des villes ?

— La ville est une anomalie et une monstruosité. C'est complètement contre-nature. La ville produit de l'anonymat. La ville consomme, mais elle ne produit rien d'utile à la vie. Ce qui est utile à la vie se trouve dans la nature. L'avenir ne peut s'édifier sur des villes surpeuplées et des campagnes désertifiées. Des fractures considérables sont à redouter dans l'avenir. Il faudrait diminuer le nombre et la taille des villes. Il faut réorganiser et établir un nouvel équilibre « ville-campagne ». Les campagnes désertifiées devraient être repeuplées intelligemment. Les villes sont très vulnérables. Si elles ne reçoivent pas l'eau, elles meurent. À cause de cette concentration, la ville est devenue l'organisation la plus vulnérable qui soit. Couper l'eau est d'ailleurs une stratégie guerrière.

Il faut apprendre à se contenter de moins d'eau. Voilà pourquoi je pense que la sobriété est très importante. Elle s'applique aussi à l'eau. C'est un art de vire, l'art de se contenter de peu. On ne peut pas se satisfaire d'une boulimie sans fin. Changer le système ne sera pas facile. Nos agglomérations sont énormes. Si nous pouvions visualiser tous les tuyaux enterrés dans le sol, nous verrions que ce réseau est monstrueux et d'une complexité effroyable. Il est nécessaire d'apprendre à être sobre. Cette logique de l'eau surabondante est un échec. Nous devons nous orienter vers la performance de la sobriété, vers la puissance de la modération, vers la performance de la simplicité. L'intelligence produit de la simplicité. La complexité est très coûteuse. Résoudre par la simplicité est la solution.

— *Vous avez intitulé ce carnet:* L'eau que nous sommes. *Que voulez-vous dire par là?*

— C'est une réalité, nous sommes de l'eau. C'est une évidence, mais nous l'oublions. Si nous en étions conscients, cela changerait notre rapport à l'eau. Nous sommes comme le lit d'une petite rivière dans lequel passe l'eau, elle irrigue même nos cellules, pour ensuite partir dans nos urines. Nous sommes un conduit d'eau! Nous l'absorbons, puis nous la rejetons. C'est une vérité absolue. Personne ne peut le nier. Chacune de nos cellules est constituée d'eau. Je le répète, nous sommes de petits ruisseaux. L'eau nous traverse. Cette eau fait son travail d'assainissement et de nettoyage du corps. C'est pour cette raison qu'à la source l'eau et la nourriture doivent être de qualité. Nous devons avoir conscience que nous sommes de l'eau, afin de mieux traiter cet élément vital.

L'eau m'émerveille par son scintillement, par le chant qu'elle produit en s'écoulant ou en formant des vagues, par le fait qu'elle tombe du ciel. Si nous sommes attentifs à l'aspect poétique des éléments, nous pouvons percevoir tout cela. L'eau est en mouvement continu, contrairement à l'eau du robinet qui est une eau assainie et chlorée, une eau morte.

L'eau est extraordinaire. Je souffre de la voir traitée n'importe comment. Nous polluons l'eau qui nous abreuve, c'est incompréhensible.

— *Ce livre est notre quatrième « carnet d'alerte ». L'état des lieux est consternant. Comment ne pas être « plombé » par cette réalité, ne pas être tenté de fuir vers le divertissement, comme vous le dénoncez ? Quels sont vos conseils ?*

— Il est important d'inquiéter les consciences collectives, mais cette inquiétude doit être positive, constructive. De toute façon, la dynamique planétaire est si puissante que je suis plutôt confiant en la continuité de la vie en tant que telle, car elle a toujours réparé les dégâts qui lui ont été infligés. Mon inquiétude concerne l'humain. Un éveil des consciences est nécessaire. Il est indispensable pour agir. Quand on revient à soi-même, l'espace est limité dans cette complexité.

Je conseille à chacun d'agir comme le colibri : chacun à son niveau. Nous sous-estimons souvent notre capacité à réagir, à adopter une autre vision du monde et de la vie. Il n'est pas bon d'édulcorer la réalité. Quand il y a le feu, il faut dire qu'il y a le feu. Il faut même le crier. Nous avons le pouvoir d'éteindre ce feu. Il n'y aura jamais d'évolution sans réconciliation de l'être humain avec les forces de la nature. Une fois l'éveil des consciences réalisé, les changements peuvent être très rapides, notamment si les gouvernements, avec détermination et réalisme, mettent l'écologie, fondement de toute vie, au sein des programmes scolaires.

Il n'y a aucune fatalité. L'être humain est le facteur déclencheur, il peut être le facteur réparateur. Je crois à la propagation par contamination positive, c'est pourquoi nous créons des prototypes exemplaires qui peuvent inspirer les consciences de bonne volonté. *Via* nos structures, nous incarnons un monde avec d'autres valeurs[3]. Pour ne pas nous cantonner à des proclamations stériles, nous agissons au quotidien. Alors, mettons-nous au travail. Cultivons en nous la bienveillance, la responsabilité, la solidarité ! Avec ces valeurs, le destin collectif de l'humanité trouvera un sens. Le monde est à réenchanter !

Notes

INTRODUCTION

1. *Dossier pédagogique récifs coralliens*, Tara Expéditions, 2017, p. 4.
2. « Découvrir l'eau : Usages : L'eau dans l'organisme », www.cnrs.fr/cw/dossiers/doseau/decouv/rubrique.html.
3. Chiffres mentionnés dans de nombreux ouvrages et vérifié sur le site web de la FAO (Organisation des Nations unies pour l'alimentation et l'agriculture).
4. Jenna R. Jambeck *et al.*, « Plastic waste inputs from land into the ocean », *Science*, n° 6223, 13 février 2015, p. 768.
5. *Atlas de la santé infantile et de l'environnement*, OMS, 2018, p. 25.
6. Rapport de synthèse sur l'objectif de développement durable 6 relatif à l'eau et à l'assainissement, Unesco, 2018, p. 3.
7. Chiffre obtenu par la Coalition Eau (campagne « Journée mondiale des Toilettes 2014 »).

I. VERS UN OCEAN SANS VIE

1. G. Bœuf, « Water, a key molecule for living, water in metabolism and biodiversity », *in* D. Le Bihan et H. Fukuyama (dir.), *Water: The Forgotten Biological Molecule*, Pan Stanford Publishing, 2010, p. 344.

2. L. Caesar, S. Rahmstorf, A. Robinson, G. Feulner, V. Saba, « Observed fingerprint of a weakening Atlantic Ocean overturning circulation », *Nature*, n° 556, 11 avril 2018, p. 191-196 ; D. J. R. Thornalley *et al.*, « Anomalously weak Labrador sea convection an Atlantic overturning during the past 150 years », *Nature*, n° 556, 11 avril 2018, p. 227-230.

3. V. Garçon, « Désoxygénation de l'océan : une grande étude en révèle les dangers et les solutions », www.cnrs.fr, 4 janvier 2018.

4. D. Laffoley, J. M. Baxter (éd.), *L'Acidification des océans : les faits. Guide introductif spécial destiné aux décideurs et conseillers politiques*, Projet européen sur l'acidification des océans (EPOCA), 2009, p. 1.

5. *Ibid.*

6. *Ibid.*

7. IPCC/Giec (Intergovernmental Panel on Climate Change / Groupe d'experts intergouvernemental sur l'évolution du Climat), *Climate Change 2013. The Physical Science Basis*, WMO/Unep, 2013, p. 20.

8. *Ibid.*, p. 10.

9. L. Cheng *et al.*, « Improved estimates of ocean heat content from 1960 to 2015 », *Science Advances*, vol. 3, n° 3, 10 mars 2017.

10. IPCC/Giec, *Climate Change 2013*, *op. cit.*, p. 8

11. *Ibid.*, p. 24.

12. *Dossier pédagogique récifs coralliens*, Tara Expéditions, 2017, p. 2.

13. Donnée obtenue auprès de Tara Expéditions.

14. *Idem.*

15. *Idem.*

16. *Dossier pédagogique récifs coralliens*, Tara Expéditions, 2017, p. 2.

17. R. Beldade, A. Blandin, R. O'Donnell, S. C. Mills, « Cascading fitness effects of thermally-induced anemone bleaching on associated anemonefish hormonal stress

response and reproduction », *Nature Communications*, n° 8, 10 octobre 2017.
18. IPCC/Giec, *Climate Change 2013*, *op. cit.*, p. 11.
19. *Ibid.*, p. 26.
20. *Ibid.*, p. 25.
21. H. Fischer, K. J. Meissner, A. C. Mix, *et al.*, « Palaeoclimate constraints on the impact of 2 °C anthropogenic warming and beyond », *Nature Geoscience*, n° 11, 25 juin 2018, p. 4.
22. D. Breitburg *et al.*, « Declining oxygen in the global ocean and coastal waters », *Science*, n° 6371, 5 janvier 2018 ; et V. Garçon, « Désoxygénation de l'océan… », art. cit.
23. *Ibid.*
24. *Ibid.*
25. *Ibid.*
26. M. Eriksen, L. C. M. Lebreton, H. S. Carson M. Thiel, C. J. Moore, *et al.*, « Plastic Pollution in the World's Oceans : More than 5 Trillion Plastic Pieces Weighing over 250,000 Tons Afloat at Sea », *PLoS ONE*, 10 décembre 2014.
27. *Ibid.*
28. J. R. Jambeck *et al.*, « Plastic waste inputs from land into the ocean », *Science*, n° 6223, 13 février 2015, p. 768.
29. Source : Onu Environnement.
30. Source : Ademe presse.
31. *Idem.*
32. E. Alessi *et al.*, *Pollution plastique en mer Méditerranée : sortons du piège*, WWF, 2018, p. 10.
33. « Marine Debris: Understanding, Preventing and Mitigating the Significant Adverse Impacts on Marine and Coastal Biodiversity », *CBD Technical Series*, n° 83, Secretariat of the Convention on Biological Diversity, Montreal, 2016, p. 16.
34. E. Alessi *et al.*, art. cit., p. 19.

35. « Facts and figures on marine pollution » / « Faits et chiffres sur la pollution marine », www.unesco.org. Ce chiffre est une estimation difficilement vérifiable car la cause de la mort n'est pas toujours simple à déterminer.
36. D. W. Laist, « Impacts of Marine Debris : Entanglement of Marine Life in Marine Debris. Including a Comprehensive List of Species with Entanglement and Ingestion Records », in J. M. Coe et D. B. Rogers (éd.), *Marine Debris. Sources, Impacts, and Solutions*, Springer, 1997, p. 102.
37. Green Cross France et Territoires, « Crèmes solaires, perturbateurs endocriniens, santé humaine et impact sur les récifs coralliens », février 2015, p. 2.
38. J. Tanzer (dir.), *Rapport planète vivante océan. Espace, habitat et bien-être humain*, WWF, août 2015, p. 6.
39. *Ibid.*, p. 15.
40. *La Situation mondiale des pêches et aquacultures*, FAO, 2016, p. 39.
41. European Commission, Maritime Affairs and Fisheries, « Ending overfishing : much to celebrate, much to do », *Fisheries and Aquaculture in Europe*, n° 62, août 2013.
42. Chiffre obtenu auprès de la section professionnelle paritaire, pêche et cultures marines et Agefos PME.
43. *La Situation mondiale des pêches et aquacultures*, FAO, 2016, p. 73.
44. WWF/ECO2 Initiative, *Vers une alimentation bas carbone, saine et abordable*, 2017, p. 26.
45. É. Reuchlin-Hugenholtz, E. McKenzie, *Aires marines protégées : un bon investissement pour la santé des océans*, WWF, mai 2015, p. 16.
46. Chiffre obtenu auprès de Nicolas Hulot, alors ministre de la Transition écologique et solidaire.
47. *Idem.*
48. C. Piante, D. Ody, *Croissance bleue : la Méditerranée face au défi du bon État écologique. Synthèse européenne*, Projet MedTrends/WWF-France, septembre 2015.

II. L'AGRICULTURE INTENSIVE, PRINCIPALE CAUSE DE LA POLLUTION ET DE LA CONSOMMATION D'EAU

1. Michel Merceron, « Pollutions diffuses : du bassin versant au littoral », *Actes du colloque Ifremer*, Ploufragan, 23-24 septembre 1999.
2. B. Chevassus-au-Louis, B. Andral, A. Feminas, M. Bouvier, *Bilan des connaissances scientifiques sur les causes de prolifération des macroalgues vertes. Application à la situation de la Bretagne et propositions*, Conseil général de l'environnement et du développement durable (CGEDD)/ Conseil général de l'alimentation, de l'agriculture et des espaces ruraux (CGAAER), La Documentation française, mai 2012, p. 3.
3. Direction régionale de l'alimentation, de l'agriculture et de la forêt (Draaf) de Bretagne, *L'Élevage en Bretagne. Hier, aujourd'hui… et demain ?*, 2013, p. 7 et 16.
4. Source : agence de l'eau Loire-Bretagne.
5. Anne Spiteri, *L'eau, toujours source de vie ? L'état réel des eaux et des données sur l'eau*, Eau-évolution, avec le soutien de WWF, 2011, p. 14.
6. Source : Ceva, 2012.
7. Avis de l'Agence nationale de sécurité sanitaire de l'alimentation, de l'environnement et du travail (Anses), saisine n° 2011-SA-0225, relatif à la toxicité du sulfure d'hydrogène (H_2S) chez l'animal et aux valeurs de toxicité disponibles dans la bibliographie sur ce sujet pour interpréter des résultats d'autopsie de sangliers et ragondins, 6 septembre 2011.
8. Source : agence de l'eau Loire-Bretagne.
9. Source : Statistique agricole annuelle (SAA), agreste.agriculture.gouv.fr.
10. *Idem.*
11. Source : Ceva.

12. Agences et offices de l'Eau, 2016. Traitements : Service de l'observation et des statistiques (SOeS), 2016. UFC-Que choisir, « S-eau-S, préservation de la ressource aquatique : UFC-Que choisir lance un S. Eau S. », 17 octobre 2017, p. 6.
13. *Idem.*
14. Agences et offices de l'Eau, unités hyrogéologiques d'après BDRHFV1 du BRGM, banque de données Ades, 2015. Réseaux RCS, RCO et UFC-Que choisir, art. cit., voir note 12.
15. *Idem.*
16. Commissariat général au développement durable, « Environnement & agriculture, les chiffres clés », *Datalab,* n° 36, juin 2018, p. 61 et 63 ; Commissariat général au développement durable, « L'eau et les milieux aquatiques, chiffres clés », *Repères*, février 2016, p. 24-25.
17. *Ibid.*, p. 63.
18. Un bon récapitulatif a été effectué par UFC-Que choisir, art. cit., voir note 12.
19. Commissariat général au développement durable, « Environnement & agriculture, les chiffres clés », *op. cit.*, p. 43.
20. Cour des comptes européenne, « La conditionnalité est-elle une politique efficace ? », rapport spécial n° 8/2008. Cour des comptes européennes, « L'aide agroenvironnementale est-elle conçue et gérée de manière satisfaisante ? », rapport spécial n° 7/2011.
21. Cour des comptes européenne, « La conditionnalité est-elle une politique efficace ? », *op. cit.*, p. 38.
22. Statistiques du ministère de la Transition écologique et solidaire, « Prévenir et lutter contre les inégalités en santé environnement ».
23. Anne Spiteri, *L'eau, toujours source de vie ?*, *op. cit.*, p. 39.
24. *Ibid.*, p. 28.
25. *Ibid.*, p. 26.

26. Chiffre valable pour l'année 2013. Générations Futures, « Des pesticides perturbateurs endocriniens dans l'eau », 12 janvier 2017, p. 4.
27. *Ibid.*
28. V. Moquay, F. Vedeau, « L'évaluation de la stratégie nationale sur les perturbateurs endocriniens », rapport de mission interministérielle d'évaluation n° 17103 CGEDD-Igas-CGAAER, *La Lettre du CGAAER*, n° 125, février 2018, p. 32.
29. Commissariat général au développement durable, « L'eau et les milieux aquatiques, chiffres clés », *op. cit.*, p. 32.
30. *Ibid.*
31. « La liste rouge des espèces menacée en France : plus d'une espèce d'éphémères sur cinq menacée en France métropolitaine », UICN, juillet 2018.
32. Gabrielle Bouleau, « Pollution des rivières : mesurer pour démoraliser les contestations. Des plaintes des pêcheurs aux chiffres des experts », in C. Pessis, S. Topçu, C. Bonneuil (dir.), *Une autre histoire des « Trente Glorieuses ». Modernisation, contestations et pollutions dans la France d'après-guerre*, La Découverte, 2013.
33. Ministère de l'Écologie, du Développement durable et de l'Énergie, ministère des Affaires sociales, de la Santé et des Droits des femmes, « Plan d'actions national sur l'assainissement non collectif 2014-2019 », octobre 2014, p. 2. Pour l'assainissement non collectif, des progrès restent encore à réaliser.
34. « Médicaments et environnement », rapport de l'Académie nationale de pharmacie, septembre 2008, p. 28.
35. Rapport de synthèse sur l'objectif de développement durable 6 relatif à l'eau et à l'assainissement, Unesco, 2018, p. 4.
36. *Les Eaux usées, une ressource inexploitée*, rapport mondial des Nations unies sur la mise en valeur des ressources

en eau, Unesco/Programme mondial pour l'évaluation des ressources en eau (WWAP), 2017, p. 2.

37. Commissariat général du développement durable, « Les prélèvements d'eau en France en 2009 et leur évolution depuis dix ans », n° 290, février 2012, p. 1.

38. *L'Eau et son droit*, rapport annuel du Conseil d'État, La Documentation française, 2010, p. 28.

39. *Ibid.*

40. Moody's Investors Service, « Global Mining Industry. Water Scarcity to Raise Capex and Operating Costs, Heighten Operational Risks », 13 février 2013, p. 5.

41. Chiffre obtenu auprès de Philippe Vigouroux, hydrologue, spécialiste des eaux minérales au Bureau de recherches géologiques et minières (BRGM).

42. Site internet Eaufrance.fr, service public d'information sur l'eau : état chimique.

43. Ministère de l'Environnement, de l'Énergie et de la Mer, en charge des relations internationales sur le climat, « Les prélèvements d'eau douce en France : leurs grands usages en 2013 et leur évolution depuis vingt ans », *Datalab*, n° 7, janvier 2017, p. 10.

44. *L'Eau et son droit*, *op. cit.*, p. 28.

45. D. Rollin, S. Bouarfa (dir.), « L'irrigation en France. État des lieux, enjeux et perspectives », *Sciences, Eaux et Territoires*, n° 11, Irstea, 24 mai 2013, p. 18.

46. UFC-Que choisir, « S-eau-S, préservation de la ressource aquatique », *op. cit.*, p. 9.

47. *Ibid.*

48. *Ibid.*, p. 13.

49. WaterFootprint.org.

50. Anne Spiteri, *L'eau, toujours source de vie ?*, *op. cit.*, p. 42.

51. Commissariat général au développement durable, « L'eau et les milieux aquatiques, chiffres clés », *op. cit.*, p. 34.

52. *Impact cumulé des retenues d'eau sur le milieu aquatique*, expertise scientifique collective, Agence française

pour la biodiversité, coll. « Comprendre pour agir », novembre 2017 p. 1.

53. Benoît Biteau, « Les enjeux du stockage de l'eau en agriculture », www.eauxglacees.com, 18 août 2016.

54. « L'eau, enjeu pour la sécurité alimentaire mondiale », rapport n° 9 du Groupe d'experts de haut niveau sur la sécurité alimentaire et la nutrition, HLPE/Comité de la sécurité alimentaire mondiale, juillet 2015, p. 11.

55. *Les Périls du tarissement. Vers une utilisation durable des eaux souterraines en agriculture*, Études de l'OCDE sur l'eau, Éditions OCDE, 2015, p. 9.

56. FAO (Organisation des Nations unies pour l'alimentation et l'agriculture), Progamme Aquastat.

57. *Idem.*

58. *Idem.*

59. FAO(site internet), « Prélèvement d'eau et pression sur les ressources en eau ».

60. Pour plus de détails sur ce sujet voir la publication de Julie Trottier, « Water-driven Palestinian agricultural frontiers: the global ramifications of transforming local irrigation », *Journal of Political ecology*, 2018.

61. FAO, Progamme Aquastat.

62. Données obtenues par la chercheuse Magalie Bourblanc.

63. *Idem.*

64. *Idem.*

65. Sur la problématique de l'eau en Israël et Palestine, on lira les nombreuses publications de Julie Trottier, notamment : « A Wall, Water and Power: The Israeli "Separation Fence" », *Review of International Studies*, vol. 33, n° 1, 26 janvier 2007, p. 105-127 ; et, avec David B. Brooks : « Forging a Water Agreement for Israelis and Palestinians », *Palestine-Israel Journal of Politics, Economics and Culture*, vol. 19-20, 2014.

66. *Cf.* P. Rabhi, J. Duquesne, *Les Semences, un patrimoine vital en voie de disparition*, coll. « Carnets d'alerte », Presses du Châtelet, 2017.
67. Dossier de presse Agence Bio, « L'agriculture biologique, un accélérateur économique, à la résonnance sociale et sociétale », p. 11 (chiffres pour l'année 2017).
68. *Cf.* P. Rabhi, J. Duquesne, *Pour en finir avec la faim dans le monde*, coll. « Carnets d'alerte », Presses du Châtelet, 2017. Pour de plus amples détails : Pierre Rabhi, *L'Offrande au crépuscule*, Éditions de Candide, 1988 ; L'Harmattan, 2001, prix des Sciences sociales agricoles du ministère de l'Agriculture 1989.
69. Amadou M. Diop, « Management of Organic Inputs to Increase Food Production in Senegal », in N. Uphoff (dir.), *Agroecological Innovations. Increasing Food Production with Participatory Development*, Londres, Earthscan Publications, 2002, p. 252.
70. Rapport de synthèse sur l'objectif de développement durable 6 relatif à l'eau et à l'assainissement, Unesco, 2018, p. 3.

III. L'EAU QUE NOUS BUVONS ET SA COMPLEXE GESTION

1. « Progrès en matière d'eau, d'assainissement et d'hygiène, mise à jour 2017 et évaluation des ODD », OMS/Unicef, 2017, p. 60.
2. *Ibid.*
3. Donnée obtenue auprès de la direction Technique & Performance de Veolia. Aujourd'hui, dans le monde de l'eau, on entend beaucoup parler des techniques membranaires, sans connaître leur développement réel.
4. « Où peut-on boire de l'eau du robinet en France et comment préserver cette ressource ? », UFC-Que choisir, 26 janvier 2017, p. 4.

5. Source : générations-futures.fr.
6. « Où peut-on boire de l'eau du robinet en France… ? », art. cit., p. 4.
7. Ministère des Affaires sociales et de la Santé, « Bilan de la qualité de l'eau au robinet du consommateur vis-à-vis des pesticides en 2014 », 2016, p. 8.
8. « Captages Grenelle : où en est-on de la protection contre les pollutions diffuses ? Comment aller plus loin ? », Onema, 7 septembre 2015, p. 1.
9. *Ibid.*, p. 3.
10. *Ibid.*
11. Agence de l'eau Seine-Normandie, « Le préventif coûte-t-il plus cher que le curatif ? Argumentaire économique en faveur de la protection des captages », juillet 2011, p. 13.
12. Olivier Bommelaer, Jérémy Devaux, « Coûts des principales pollutions agricoles de l'eau », *Études & Documents*, n° 52, Commissariat général au développement durable, Service de l'économie, de l'évaluation et de l'intégration du développement durable, septembre 2011, p. 3.
13. *Ibid.*, p. 21.
14. *Idem.*
15. Source : site internet de la ville de Lons-le-Saunier (lonslesaunier.fr).
16. Donnée obtenue auprès des services de l'eau de Munich.
17. *Idem.* Selon le rapport annuel de la Cour des comptes 2010 (p. 623), le coût de dénitrification d'une eau polluée par les nitrates à plus de 50 mg/l est de l'ordre 0,23 euro/m³.
18. UFC-Que choisir, « S-eau-S, préservation de la ressource aquatique », *op. cit.*, p. 3.
19. *Ibid.*
20. 42 % est la fourchette haute. En 2016, la part était de 38 à 42 %.
21. 60 % est la fourchette haute. En 2016, la part était de 55 à 60 %.

22. Données obtenues auprès de la Fédération nationale des collectivités concédantes et régies.
23. Source : Eau de Paris.
24. Sur la financiarisation des entreprises, lire le « carnet d'alerte » sur la finance : P. Rabhi, J. Duquesne, *Les Excès de la finance, ou l'art de la prédation légalisée*, Presses du Châtelet, 2017.
25. Suez, Document de référence 2016, p. 208.
26. Veolia nous a répondu par écrit sur chacune de ces affaires. Nous mentionnons ces dossiers sans entrer dans les détails complexes d'enquêtes parfois en cours.
27. Donnée obtenue auprès de la FP2E, qui regroupe la quasi-totalité des entreprises assurant la gestion des services d'eau et d'assainissement en France.
28. Pierre J. Hamel, « Remettre en question les compteurs d'eau domestiques » (version abrégée), Groupe de recherche sur l'innovation municipale, 2013 (colloque « Le service public d'eau potable à l'épreuve du développement durable », Grenoble, 2012), p. 20.
29. A. Valimahamed, É. Brejoux (dir.), « Observatoire des services publics d'eau et d'assainissement. Panorama des services et de leur performance en 2014 », Eau France, mai 2017, p. 44.
30. *Ibid.*
31. Ce manque de transparence a été démontré par un rapport du Conseil général de l'environnement et du développement durable : Anne-Marie Levraut (dir.), « Évaluation de la politique de l'eau. Quelles orientations pour faire évoluer la politique de l'eau ? », septembre 2013.
32. Le nombre de structures devrait diminuer car la gestion de l'eau confiée aux communes est en train de devenir intercommunale.
33. Donnée obtenue auprès du service de presse de l'Insee.
34. Source : UFC-Que choisir.
35. Ce conseil ne fait pas l'unanimité car le chlore pourrait être absorbé par les aliments dans le réfrigérateur.

36. S. A. Mason, V. Welch, J. Neratko, « Synthetic polymer contamination in bottled water », State University of New York at Fredonia, Department of Geology & Environmental Sciences, 2018.
37. M. Wagner, M. P. Schlüsener, T. A. Ternes, J. Oehlmann (2013) « Identification of Putative Steroid Receptor Antagonists in Bottled Water : Combining Bioassays and High-Resolution Mass Spectrometry », *PLoS ONE* 8 (8), 28 août 2013, p. 1.
38. En France, les eaux en bouteille au plus bas taux de minéralisation présentent un résidu sec de 20 à 30 mg/litre.
39. F. Couzy, P. Kastenmayer *et al.*, « Calcium bioavailibility from a calcium-and sulphate-rich mineral water », *The American Journal of Clinical Nutrition*, vol. 62, n° 6, décembre 1995. R. P. Heaney, « Absorbability and utility of calciumin mineral waters », *The American Journal of Clinical Nutrition*, vol. 84, n° 2, août 2006. M. Verhas *et al.*, « Magnesium bioavalibility from mineral water », *The European Journal of Clinical Nutrition*, vol. 56, n° 5, mai 2002. S. A. Kiss, T. Forster, A. Dongó, « Absorption and effect of the magnesium content of a mineral water in the human body », *The American Journal of Clinical Nutrition*, vol. 23, n° 6, décembre 2004.
40. Pour plus de détails, voir les travaux de Jacques Benveniste, aujourd'hui repris, entre autres, par le professeur Luc Montagnier.
41. UFC-Que choisir, « Quelle eau boire ? Eau du robinet, eau en bouteille ou eau filtrée » (www.quechoisir.org/guide-d-achat-quelle-eau-boire-n4855/).
42. Des spécialistes préconisent de reminéraliser un peu cette eau devenue trop pure. Certains systèmes le prévoient à l'achat. Sur cette question, les avis divergent. Certains critiquent surtout les méfaits d'une eau trop minéralisée, tandis que d'autres mettent en garde contre une eau trop pure.
43. *L'Eau et son droit*, rapport annuel du Conseil d'État, La Documentation française, 2010, p. 30.

44. www.eau-evolution.fr.
45. *Ibid.*
46. TNS Sofres, « Les Français et l'eau », baromètre annuel d'opinion 2016.
47. Pour plus de détails, voir les travaux de Gerald Pollack et ceux de Mark LeClair (notamment regroupés sur le site internet de la Water Conference : www.waterconf.org).
48. Pour plus de détails sur ce point : www.econologie.com.
49. Source : Christophe Martz, créateur du site www.econologie.com et spécialiste de cette question.

ENTRETIEN AVEC PIERRE RABHI

1. H. Fairfield Osborn, *Our Plundered Planet*, Boston, Little Brown & Co., 1948 ; trad. fr., *La Planète au pillage*, Payot, 1949 ; Actes Sud, coll. « Babel », 2008.
2. *Cf.* P. Rabhi, J. Duquesne, *Pour en finir avec la faim dans le monde*, coll. « Carnets d'alerte », Presses du Châtelet, 2017.
3. Terre et Humanisme, les Amanins et les Colibris, entre autres. Pour plus d'informations : www.pierrerabhi.org.

LEXIQUE

1. Source : agence française de la biodiversité.
2. Source : Centre d'information sur l'eau (C.I.eau).

Lexique

Aquifère : formation géologique ou roche suffisamment perméable pour permettre l'écoulement d'une nappe souterraine et le captage de l'eau.

Agence de l'eau : la loi de 1964 instaure un système décentralisé de gestion de l'eau réparti entre six agences, une par bassin versant, sauf pour la Corse qui est intégrée à l'agence Rhône-Méditerranée. Ces agences de l'eau ont permis de prendre les problèmes de pollution domestique et industrielle à bras le corps. Elles ont pour mission de limiter la pollution, de gérer les ressources en eau, de restaurer la qualité des milieux... Elles reçoivent des redevances et aident au financement des ouvrages. Mais ce ne sont pas elles qui décident de la politique à suivre. Elles exécutent et mettent en place les politiques décidées par les comités de bassin.

Agroécologie : ce terme a aujourd'hui une définition très large. Chacun en donne sa propre interprétation. Depuis peu, certains défenseurs du modèle industriel utilisent ce terme pour évoquer une agriculture raisonnée dite de développement durable. Cette terminologie leur permet d'échapper au cahier des charges de l'agriculture biologique et de faire du « *greenwashing* » – une sorte de marketing vert. Pour d'autres, comme Pierre Rabhi, l'agroécologie va bien plus loin que le cahier des charges de la bio, c'est une éthique de vie depuis des dizaines d'années : « L'agroécologie n'est pas une fin en soi, me semble-t-il, mais un prodigieux moyen qui peut nous permettre un autre regard sur le monde à partir de l'expérience objective du vivant. Pour devenir une véritable solution alternative, ce moyen doit s'accompagner d'une mutation de la conscience et d'un rapport différent à l'argent. » Dans le système agroécologique, le paysan est autonome. Il ne dépend pas des prix fixés dans les marchés mondiaux. Soustraire les engrais de synthèse et les pesticides n'est qu'une étape. Pour réussir à cultiver en agriculture biologique ou en agroécologie, de nombreux spécialistes conseillent de réaliser des rotations de cultures, d'associer des plantes sur une même parcelle, etc.

Aires marines protégées (AMP) : l'objectif de ces espaces délimités est de protéger la mer tout en permettant le développement durable d'activités. Le code de l'environnement reconnaît aujourd'hui quinze types d'aires marines protégées[1]. Leurs modes de gouvernance associent le plus souvent les usagers, les élus et les experts. À l'intérieur d'une AMP, certaines activités sont limitées, voire interdites. La pêche n'est pas forcément exclue. Selon WWF, si les aires protègent 30 % de l'océan, les AMP devraient contribuer significativement à la restauration de la biodiversité marine.

Bassin versant : espace géographique où l'eau circule naturellement vers un exutoire commun, cours d'eau, nappe souterraine ou la mer. Les lignes de crête, formées par le relief, sont les frontières naturelles de cet espace. Chaque bassin versant est unique, il a son propre sous-sol, son climat, etc. En France, la gestion de l'eau est répartie par bassins versants, un pour chaque grand fleuve (Rhône, Rhin, Loire, Seine et Garonne), ainsi que pour la Somme.

Boues activées : voir *Roseaux*.

Charbon actif ; Omose inverse ; Ozone ; Ultraviolets : ces techniques visent à rendre l'eau potable. Utilisé sous forme de poudre ou en grains dans d'épais lits de filtration, le *charbon actif* est un charbon poreux qui permet d'absorber des particules ou des micro-organismes.

L'*osmose inverse* fait partie des techniques pour dessaler l'eau de mer, notamment. Elle entre dans une catégorie plus large d'élimination physique et non chimique de la pollution par des membranes. Traiter l'eau par l'*ozone* ou par rayons *ultraviolets* permet de la désinfecter en ôtant les bactéries et les virus. Ces techniques peuvent être complémentaires.

Circulation océanique : produit des courants créés par les vents et des courants générés par les différences de densité entre les masses d'eau, la circulation océanique est à l'origine des « continents de plastique », formulation impropre qui désigne une plus forte densité de plastique dans les zones considérées. « Dans le cas de l'Atlantique Nord, la zone de concentration correspondant à la mer des Sargasses était déjà décrite en 1869 par Jules Verne, rappelle François Galgani. Elle concentrait des algues brunes flottantes et les débris naturels provenant du Mississippi. Ce phénomène est directement lié à la circulation océanique, qui génère dans les deux hémisphères une circulation tourbillonnaire laissant apparaître des zones de convergence, donc de densité plus importante. De nos jours, outre les Sargasses, ces zones concentrent également les déchets plastiques qui flottent à la surface des océans. »

Comité de bassin : les comités de bassin sont surnommés les « mini-parlements de l'eau ». Comme pour les agences, il y a un comité par bassin versant. Chaque comité regroupe des élus locaux et nationaux, des industriels, des agriculteurs et des usagers *via* les associations de consommateurs et les associations environnementales. La sous-représentation des usagers est souvent critiquée par la société civile. L'agriculture, responsable de la plus grande part de la pollution et de la consommation d'eau, ne paie que 7 % de redevance pollution et 4 % de redevance prélèvement, au lieu de 88 % et 70 % pour les consommateurs d'eau domestique. Ces redevances financent les politiques mises en œuvre par les agences de l'eau.

Comité national de l'eau : cet organisme consultatif sur les grandes orientations de la politique de l'eau, les projets d'aménagement et de répartition des eaux, est composé des présidents des comités de bassin, de représentants des usagers, des associations, des collectivités territoriales, ainsi que des représentants de l'État.

Cycles de l'eau : voir schémas, p. 29 et 137.

Eau potable, eau salubre, eau de boisson : par ces termes, on entend une eau qui n'est pas contaminée par une pollution microbienne et dont l'absorption n'entraîne pas de maladies telles que le choléra. Dans certains forages, l'eau est douce et buvable sans aucun traitement. Les critères d'évaluation de l'accès à une eau buvable ne sont pas simples à établir. En Occident, l'eau potable est normée et répond à des critères précis : des taux de nitrates et de pollution chimique limités sont par exemple autorisés. Les bactéries et les pathogènes sont supprimés. Certains chercheurs regrettent que l'on ne fasse pas assez la différence entre une eau buvable sans risque de tomber malade et une adduction d'eau potable dans chaque foyer. Ils dénoncent le fait que les objectifs d'accès à l'eau de l'Onu soient conçus pour satisfaire les demandes des multinationales de l'eau. Selon l'Onu, 2,1 milliards de personnes ne disposent pas d'eau non contaminée.

Irrigation au goutte-à-goutte : également appelée micro-irrigation, irrigation contrôlée ou irrigation localisée, elle s'opère par des systèmes de canalisations à faible pression dotées de goutteurs ou percées de petits trous au niveau du sol (mais les tuyaux peuvent également être enterrés). L'eau est distribuée au compte-gouttes jusqu'à la racine des plantes. Cette technique se différencie de l'irrigation par aspersion, la plus pratiquée en France, qui reproduit artificiellement la pluie en projetant de l'eau en l'air et qui nécessite une certaine pression.

Irrigation gravitaire, ou de surface : cette technique traditionnelle, la plus utilisée dans le monde, consiste à arroser les cultures en faisant ruisseler l'eau à l'air libre, à la surface du sol. Elle utilise la gravité grâce à un réseau de canaux ou de bassins. L'arrosage s'effectue ensuite par ruissellement, par submersion ou par infiltration dans le sous-sol proche des cultures. La répartition de l'eau est assurée grâce à la topographie du terrain et aux propriétés hydriques du sol.

Lagunage : voir *Roseaux.*

Nitrates : les nitrates sont une forme de l'azote. Lorsqu'il se minéraliste dans le sol, l'azote organique, tel que le fumier, devient du nitrate.

Osmose inverse : voir *Charbon actif.*

Ozone : voir *Charbon actif.*

Roseaux, lagunage et boues activées : ces trois techniques utilisées dans les stations d'épuration sont parfois couplées. L'épuration biologique, grâce aux filtres plantés de *roseaux*, s'effectue grâce aux bactéries fixées sur les filtres et accumulées en surface. Le *lagunage*, autre technique naturelle d'épuration, consiste à convoyer l'eau dans des bassins, ou lagunes, dans lesquels les eaux usées sont traitées par des bactéries produites par les algues, les phytoplanctons et les plantes aquatiques. Les *boues activées* utilisent les bactéries contenues dans les eaux usées, lesquelles, une fois concentrées et aérées, possèdent la propriété de se regrouper en boues activées qui dégradent la pollution.

Stress hydrique, déficit hydrique et pénurie d'eau : très utilisées par les organismes internationaux, ces notions définissent les différents degrés de manque d'eau. Le stress hydrique est atteint lorsqu'un être humain dispose moins de 1 700 mètres cubes d'eau par an ; la pénurie, lorsqu'il dispose de moins de 1 000 mètres cubes par an. Ces seuils, établis par rapport à la consommation de l'agriculture intensive des pays développés, sont remis en cause par certains chercheurs, le même indice étant appliqué dans tous les pays du monde. Ce manque ou cet épuisement des ressources est souvent dû à une trop forte consommation, et non à des ressources insuffisantes. Si les prévisions des organismes internationaux présupposent que l'ensemble de la population mondiale mange de la viande quotidiennement, un déficit hydrique ne peut être que redouté. À l'échelle de la planète, les prélèvements d'eau ont été multipliés par plus de 7 au cours du XXe siècle[2].

ULTRAVIOLET : voir *Charbon actif*.

Liste des personnes interrogées et citées

Adam Béatrice, déléguée générale de la chambre syndicale des eaux minérales.

Andrault Olivier, chargé de l'agriculture, de l'alimentation et de l'eau pour UFC-Que choisir.

Arnaud Luc, responsable du Gret à Madagascar.

Autissier Isabelle, présidente de WWF-France.

Bah-Clozel Ibrahim, fondateur d'Eau de Mawa.

Ballu Sylvain, responsable du suivi des marées vertes au Ceva.

Beaumenay-Joannet Diane, chargée de mission « lobbying climat et déchets aquatiques » pour Surfrider.

Biolley David, président d'Acro.

Biteau Benoît, paysan agronome.

Blauel Célia, présidente d'Eau de Paris.

Bœuf Gilles, océanographe.

Borvon Gérard, président de S-eau-S.

Bouguerra Mohamed Larbi, maître de conférences honoraire d'hématologie à la faculté de médecine de Tunis et à la faculté de pharmacie d'Amiens.

Bouleau Gabrielle, directrice adjointe scientifique au département « Territoires » de l'Irstea.

Bourblanc Magalie, chercheuse au Cirad.

BRUNNER Olivier, chef de service des collectivités et industries de l'agence de l'eau Loire-Bretagne.
BUTLEN Jean-Baptiste, directeur adjoint d'Eau de Paris.
CHANUT Claire, fondatrice des Femmes semencières.
CHAUSSADE Jean-Louis, directeur général de Suez.
COLLIN Jacques, auteur de plusieurs ouvrages sur l'eau.
DESCHAMPS Lionel, président de Lucytoyens.
DÖRFLIGER Nathalie, directrice « eau, environnement et écotechnologies » au BRGM.
DOUESNARD Julien, paysagiste.
FABBIAN Liza, journaliste en Afrique du Sud.
FAU DE LAMOTHE Patrick du, président d'Arc'Eau.
FERNANDEZ Sara, chercheuse à l'Irstea.
FLAJOLET André, vice-président de l'Association des maires de France.
FRADIN Guy, trésorier du Conseil mondial de l'eau.
GACHET Alain, physicien spécialisé en géologie.
GALGANI François, océanographe.
GUILBERT Christian, premier adjoint à Pléven.
HAMEL Pierre J., professeur chercheur à l'INRS de Montréal.
HENRY Marc, ingénieur-chimiste et enseignant-chercheur à l'université de Strasbourg.
HULOT Nicolas, ex-ministre de la Transition écologique et solidaire.
IMBERT Nicolas, directeur de Green Cross France et Territoire.
JACQUET Thierry, président de Phytorestore.
JAQUENOUD François, cofondateur de 1001fontaines.
KABRÉ André, villageois burkinabé.
KABRÉ Goama Michel, villageois burkinabé.
KABRÉ Patrick, chanteur, musicien et fondateur d'Atelier Silmandé.

LAIMÉ Marc, journaliste, spécialiste des questions liées à l'eau.

LAPÈGUE Jean, référent « eau, assainissement et hygiène » d'ACF.

LAUNAY Jean, président du Comité national de l'eau.

LE STRAT Anne, responsable de la remunicipalisation des services de l'eau de Paris.

LEVI Yves, spécialiste des liens entre la santé et l'environnement.

LORAIN Benoît, responsable de la production d'eau à l'usine de Joinville.

METAYER Sandra, coordinatrice de la Coalition Eau.

MILBERT Béatrice, médecin homéopathe.

NIKIEAM Rosalie, villageoise burkinabée.

OLLIVRO André, porte-parole et vice-président d'Halte aux marées vertes.

OUEDRAOGO Awa, villageoise burkinabée.

PELLERIN François-Marie, vice-président de la Coordination de défense du Marais poitevin.

PENNARUN Gwen, coprésident de la plateforme Petite Pêche artisanale française.

POILANE Emmanuel, directeur de France Libertés.

PRET Pierre-François, consultant, spécialiste en agroécologie.

ROLLIN Dominique, directeur adjoint d'une unité mixte de recherche à l'Irstea.

ROUSSEAU Bernard, membre de l'agence de l'eau Loire-Bretagne.

RUF Thierry, directeur de recherche à l'IRD.

SAWADOGO Albert, villageois burkinabé.

SAWADOGO Boukary, villageois burkinabé.

SPITERI Anne, créatrice d'un site indépendant sur l'eau.

TAONSA Zenabou, villageoise burkinabée.

THIROUIN Éric, secrétaire général adjoint de la FNSEA.

TOULY Jean-Luc, porte-parole de l'Acme.

TROTTIER Julie, directrice de recherche au CNRS.

TROUBLÉ Romain, directeur général de Tara Expéditions.

VEILLERETTE François, directeur et porte-parole de Générations Futures.

VICTORIA Pierre, directeur du développement durable de Veolia.

VOYNET Dominique, inspectrice générale des Affaires sociales.

Bibliographie

BITEAU Benoît, *Paysan résistant!*, Fayard, 2017.

BLANCHON David, *Atlas mondial de l'eau. Défendre et partager notre bien commun*, Autrement, 2017.

BORVON Gérard, *S-Eau-S. L'eau en danger*, Golias, 2000.

BOUGUERRA Mohamed Larbi, *Les Batailles de l'eau. Pour un bien commun de l'humanité*, Éditions de l'Atelier, 2003.

BOULEAU Gabrielle, DEUFFIC Philippe, SERGENT Arnaud, PAILLET Yoan, GOSSELIN Frédéric, « Entre logique de production et de préservation : l'évolution de l'information environnementale dans les domaines de l'eau et de la forêt », *VertigO, la revue électronique en sciences de l'environnement*, vol. 16, n° 2, septembre 2016.

CARSON Rachel, *La Mer autour de nous*, Wildproject, 2012.

CHAUSSADE Jean-Louis, *Le XXIe siècle, le siècle de l'eau ?*, Nouveaux Débats publics, 2012.

COLLIN Jacques, *L'Eau-delà de l'eau. De l'autre côté du miroir de l'eau*, Guy Trédaniel éditeur, 2016.

Conseil d'État, *L'Eau et son droit. Rapport annuel du Conseil d'État*, La Documentation française, 2010.

FERNANDEZ Sara, « Gouverner les eaux depuis 1945. Internationalisation et intensification des flux de capitaux, de techniques et de modèles », in

Dominique Pestre (dir.), *Le Gouvernement des technosciences*, La Découverte, 2014.

GACHET Alain, *L'homme qui fait jaillir l'eau du désert*, JC Lattès, 2015.

HENRY Marc, *L'Eau et la physique quantique. Vers une révolution de la médecine*, éditions Dangles, 2016.

LAIMÉ Marc, *Le Lobby de l'eau. Pourquoi la gauche noie ses réformes*, Éditions François Bourin, 2014.

LANOË Samuel, *Assainissement durable*, Éditions Goutte de sable, 2009.

L'Atlas de l'eau et des océans, hors-série du *Monde*, n° 22, novembre 2017.

LE STRAT Anne, *Une victoire face aux multinationales. Ma bataille pour l'eau de Paris*, Les Petits Matins, 2015.

OLLIVRO André, LE LAY Yves-Marie, *Les marées vertes tuent aussi ! Le scandale sanitaire*, Le Temps Éditeur, 2011.

PEZON Christelle, *Le Service d'eau potable en France de 1850 à 1995*, Presses du Cerem/Cnam, 2009.

RABHI Pierre, *L'Offrande au crépuscule*, Éditions de Candide, 1988 ; L'Harmattan, 2001, prix des Sciences sociales agricoles du ministère de l'Agriculture 1989.

Revue *Orbs, l'autre planète*, numéro spécial « eau », mars 2018.

RUF Thierry, MAHDANE Mhamed, « Les irrigants d'extrême aval dans le bassin endoréique du Ziz au sud du Maroc, face aux risques de manquer d'eau : Dayt Sriej, Merzouga, Maroc », *Hespéris-Tamuda*, vol. 52, n° 1 (numéro spécial), 2017, p. 219-235.

PESSIS Céline, TOPÇU Sezin, BONNEUIL Christophe (dir.), *Une autre histoire des « Trente Glorieuses ». Modernisation, contestations et pollutions dans la France d'après-guerre*, La Découverte, 2013.

Tara Expéditions, *Le Livre bleu de Tara pour la Méditerranée*, Tara Expéditions/Agence de l'eau, 2015.

TOULY Jean-Luc, *Manifeste de désobéissance civile*, Éditions François Bourin, 2012.

TOULY Jean-Luc, LENGLET Roger, *Les Crapules de la République. La vérité sur le gaspillage de l'argent public*, First Éditions, 2017.

TROTTIER Julie, BROOKS David, « Confronting water in an Israeli-Palestinian peace agreement », *Journal of Hydrology*, n° 382 (1), mars 2010.

TROTTIER Julie, PERRIER Jeanne, « Challenging the Coproduction of Virtual Water and Palestinian Agriculture », *Geoforum*, vol. 87, décembre 2017.

TROTTIER Julie, *Managing Water Resources. Past and Present*, Oxford University Press, 2004.

VESTER Frederic, *L'eau c'est la vie*, Ulisséditions, 1989.

VOYNET Dominique, *Voix off*, Stock, 2003.

SITOGRAPHIE

www.acme-eau.org
www.afbiodiversite.fr
www.arc-eau.org
www.cnrs.fr
www.coalition-eau.org
www.eau-evolution.fr
www.eaufrance.fr
www.eauxglacees.com
www.econologie.com
www.fao.org/land-water/water/fr
www.france-libertes.org
www.generationsfutures.fr
www.julietteduquesne.fr
www.oceans.taraexpeditions.org
www.pierrerabhi.org
www.ufcquechoisir.org
www.waterfootprint.org
www.wwf.fr

Table

Cet ouvrage a été composé
par Soft Office (à Eybens)

Impression réalisée par

CPI BRODARD ET TAUPIN

en octobre 2018
pour le compte des Presses du Châtelet

Imprimé en France
N° d'impression : 3030179
Dépôt légal : novembre 2018